DU MÊME AUTEUR

A perce-poche, Prise de Parole (Sudbury), 1979

MONOLOGUERIES

46a, rue Saint-Raymond / Hull (Québec) / J8Y 1R7
(819) 776-5841

**Justification
du tirage** Ce volume a été tiré à 1 000 exemplaires. Ceci
constitue l'édition originale.

Production Conception graphique et typographie: André
Couture
Photo de la page couverture: Justin Martin
Impression: Imprimerie Gagné ltée

**Distribution
en librairie** Diffusion PROLOGUE inc.
2975, rue Sartelon
Ville Saint-Laurent (Québec)
H4R 1E6
(514) 332-5860
De l'extérieur: 1-800-361-5751

Dépôt légal Premier trimestre 1982
Bibliothèque nationale du Québec
Bibliothèque nationale du Canada

ISBN 2-89198-036-0

*Le Conseil des arts du Canada a octroyé une
subvention pour la publication du présent ouvrage.*

DANIELLE MARTIN
MONOLOGUERIES

éditions Asticou

Sophie-T. pis sa copine

J'étais à landromate quand, tout à coup, j'ai aperçu madame Chouinard . . . Elle avait les épaules tombantes, pis le regard qui fuyait au fond des sécheuses. Je lui ai fait un p'tit salut de la main; elle m'a pas répondu. Je me suis dit: Sophie-T., ça y est, son Ti-Cul l'a encore boudée; ils se sont parlé cru.

A la voir de même a l'air de quelqu'un qui a jamais souffert. Vous devriez la voir . . . Pour s'habiller, a du flair, y'a pas à dire, a sait plaire. Mais ça veut rien dire, ça. Cette journée-là, ça allait pas. Son manteau était tout de travers, les yeux pas beurrés . . . parce que d'habitude, a se beurre les yeux, pis ça y fait ben.

Sophie-T., prends ta boîte de Javex.

Ben oui, le javelisant pour non javelisable . . . Ça, c'est toute une découverte, c'est formidable ! . . . Je me suis tassée de deux laveuses . . . Je voulais la voir de plus proche . . . J'ai pris mon linge qui était lavé . . . Je l'ai placé dans une sécheuse . . . avec une feuille d'assouplisseur au sphate . . . J'emploie toujours ce qu'il y a de mieux . . . Moi, je pourrais faire des annonces de T.V., pis je suis sûre que je serais bonne . . . Maudit que j'aimerais ça . . . Mes chummes seraient jalouses . . . Moi, à la T.V. ! Ça serait quelque chose, ça !

Avec tout ça, j'étais presque rendue . . . Il me restait rien qu'une laveuse . . . J'ai fait semblant d'échapper mon linge sale . . . J'ai avancé encore un peu . . . J'étais rendue . . . Jamais je croirai qu'elle va me parler . . . Mon doux . . . qu'elle a l'air triste !

— Bonjour, vous là !

Bonjour, que madame Chouinard me répond comme un p'tit moineau qui va mourir . . .

— Comment ça va? Il n'y a pas grand-monde aujourd'hui!

— Ah! ça va comme ça . . .

Ça y est . . . ça va pas pantoute . . . Madame Chouinard, c'est une veuve . . . Ah! elle est pas trop à plaindre . . . Elle a une rente. Ça aide, ça! . . . Pis, son fils, il reste avec elle. Lui, c'est le genre délicat, tiré à quatre épingles . . . C'est un bon gars. Elle a pas à se plaindre.

— Ça a pas l'air d'aller ben fort, vous là . . . Qu'est-ce qui vous étire la face de même? . . . C'est plus des poches que vous avez en dessous des yeux, ce sont des valises . . . Qu'est-ce qui va pas? . . . Contez-moi ça, entre deux brassées . . . On a le temps . . .

— Oh! je sais pas si je devrais vous le dire! . . . Il y a des choses qu'il vaut mieux garder pour soi . . . Notre linge sale, on lave ça en famille.

J'ai regardé autour, pis je me disais qu'après tout, dans une landromate, on pouvait bien oublier ses remords . . . Comme linge sale, c'est ici qui s'en lave le plus, pis pas en famille!

— Je vois pas pourquoi vous vous gênez, madame Chouinard! Ça fait du bien de se vider des fois.

— Vous pensez que je devrais vous le dire? Vous avez peut-être raison. Ça me ferait du bien. Ah! mon doux . . . je sais pas comment vous le dire.

— Ben, dites-le tout d'un coup!

— C'est une vraie honte . . . une calamité . . . pire que ça, j'ai mal au coeur rien qu'à y penser.

8

Je l'ai regardée . . . J'espère qu'elle est pas enceinte, à son âge, pis c'est une veuve . . . moi, ça me dérange pas, mais les gens sont tellement méchante langue ! . . . Ça doit être ben effrayant pour qu'elle soit dans un état pareil. C'est une femme nerveuse . . . mais là, ça battrait tous les records !

— Ben quoi ça, qui est une vraie honte ?

Jérôme . . ., qu'elle me crie . . . Une chance qu'il n'y avait pas grand monde.

—Jérôme . . . c'est . . . c'est . . .

Je me suis dit, ça y est, c'est un drogué ! . . . C'est une chance. Si avait fallu qu'elle soit enceinte ! On aurait tout vu.

— Jérôme . . . c'est une tapette !

Pis là, a pleurait, madame ! Elle était plus arrêtable.

Le coeur m'a brisé pour quelques secondes. Il fallait que je fasse de quoi. Je l'ai prise dans mes bras . . . Moi, j'étais surprise qu'elle s'en fasse pour si peu.

— Qu'est-ce que vous voulez que ça fasse ça, madame Chouinard ? C'est pas pour ça qui faut lâcher des cris . . . On sait ce que c'est, nous autres, d'aimer une homme ! . . . Revenez-en vous là . . . Prenez sur vous, pis arrêtez de brailler de même.

J'ai pris un mouchoir dans mon panier à linge sale. Je lui ai passé . . . Elle était assez énervée qu'elle s'en ai même pas rendu compte ! . . . Elle s'est mouchée.

— C'est écoeurant, Sophie-T., moi qui ai fait un enfant pareil !

Ben moi, j'en revenais pas . . . S'en faire pour si peu !

— Vous êtes chanceuse vous là, madame, votre Jérôme, il sait qui il aime au moins . . . Il y en a qui le savent même pas! . . . Prenez-le comme il est, madame Chouinard . . . Sa vie privée, ça vous regarde pas! L'important, c'est qu'il soit heureux!

— C'est vrai . . . elle me disait ça en rammassant son linge qui était dans la troisième sécheuse avant la porte.

Elle a tout mis dans son sac. Là, elle m'a crié avant de partir:

— C'est vrai, Sophie-T. Après tout, Jérôme, il me prend comme je suis. Il faudrait bien que j'en fasse autant!

Pis là, ben, elle est partie . . . Avec mon mouchoir sale . . . J'espère ben que, dans son énervement, elle va quand même avoir le temps . . . de me le laver . . .

Olga de la Casa

Je lui ai dit au directeur . . . Moé, là, ça va plus . . . C'est tout de suite qu'il faut régler ça . . . Ça pas d'allure, m'a v'nir folle . . . Aie! j'étais choquée. Je criais presque. Si ça avait pas été que je suis polie, moé, je serais partie sans avertir mon patron, tellement j'étais tannée . . . Mais, j'ai pris sur moé, pis je l'ai averti . . .

— Monsieur le directeur, ça fait cinq ans que je travaille ici. Mon ouvrage, j'le fais ben, pis c'est rare que je chiale . . . Ben, ça arrive, mais c'est rare . . . Mais là, j'en peux plus . . . C'est assez sur mon plancher; ça pue . . . pis c'est dur ça . . . Là j'suis tannée, dans le très tanné, plus que tannée . . . j'suis écoeurée . . . Je démissionne, je vous donne ma démission.

Il m'a regardée . . . ben oui, le directeur. Pis, il m'a demandé comment je m'appelais. J'étais assez énervée avec tout ça, moé là, que quand j'suis entrée dans le bureau du directeur, j'avais oublié de me nommer . . . Ben, ça arrive!

Faut dire que j'étais assez vexée qui sache pas mon nom! . . . Depuis le temps que je travaille ici . . . Je lui ai dit quand même mon nom! J'ai pris ma belle voix pour faire plus distingué . . . pour qu'il sente la lourde perte qui l'accablerait!

— Olga, je me prénomme Olgaaa . . .

Cela l'a impressionné, j'pense.

— Olga . . . hum . . . connais pas! . . . En tout cas, on verra ce qui ne va pas dans votre cas, ma chère Olga, du plancher d'en bas!

Aie! il savait sur quel plancher je travaillais! . . . Parce que le plancher d'en bas . . . ben, c'est celui-là qui pue . . . Ben, on dit celui d'en bas . . . mais, en fin de compte, c'est celui du deuxième . . . C'est pour pas faire peur aux vieux qu'on dit ça.

Ben oui . . . j'suis infirmière à la Casa. Ça fait un bout de temps que je fais c'te job là, pis j'aime pas ça! . . . C'est dans le toffe de travailler là. Vous croyez pas? . . . On voit ben que c'est pas vous autres qui passez la journée là.

J'ai pris mon courage à deux mains, pis là . . . je lui ai pitché dans face de même: Ecoutez ben ça, c'était ben envoyé:

— Je veux vous dire, monsieur le directeur de la Casa, que je m'en vas parce que j'aime plus ça le plancher d'en bas, j'en ai jusque là!

Aie! il en revenait pas . . . Il m'a dit comme ça:

— Ah! dites-moi pas que mademoiselle Olga s'en va du plancher d'en bas? C'est bien ce que j'avais cru comprendre . . . mais, avant, dites-moi donc ce qui ne va pas.

Ce qui ne va pas . . . ce qui ne va pas . . . C'est pas facile à dire de même là . . . J'y ai pensé quelques secondes, pis là je lui ai dit:

— Ben, vos vieux, vos vieux là, là . . . Ben, je le sais pas, moé là . . . Ah! oui! j'ai trouvé . . . Ben, vos vieux, ils sont plus jeunes. Bon, c'est ça!

Ça a pas eu l'air de le satisfaire . . . Je me suis dit: vaut mieux trouver d'autres raisons . . . Ecoutez ben ça.

Ils sont jamais contents, vos vieux! . . . On rentre de bonne humeur. On leur dit: Bonjour pépère, vous avez bien dormi? . . . Là, ils vous répondent que leur voisin de lit s'est plaint toute la nuit, qu'il se mourrait!

Vous leur dites: Ben voyons donc, c'est des idées que vous vous faites . . . Ils vous répondent: Ben, le lit est vide à matin pourtant!

Maudit que c'est déprimant entendre des affaires de même!

On leur dit: Vous mangez pas à matin, pépère? Vous avez pas faim? . . . Non, qui répond le pépère . . . J'ai de l'arthrite dans les mains, je peux pas tenir ma cuillère.

Ben, c'est pas grave ça, pépère; à votre âge, ça fait pas de mal de jeûner.

Ben, là, le pépère se met à bouder . . . Vous pourriez pas m'aider à manger?

On a beau leur dire qu'on a pas juste ça à faire, ils veulent rien comprendre! . . . Tiens, r'garde, y en a un qui marche à quatre pattes . . . On lui dit: Pépère, vous allez salir les genoux de votre pyjama! . . . Il nous répond qu'il peut pas marcher seul.

On lui dit: Vos p'tites jambes veulent pas vous porter? Ben, bercez-vous un p'tit coup . . . Là aussi, ils se mettent à brailler! On a pas juste ça à faire nous autres les promener!

Ils nous demandent de leur parler, ils nous écoutent pas! . . . On leur conte qu'on s'est acheté un pédalo ou bien une bicyclette; ben là, tout ce qu'ils trouvent à faire, c'est de chialer! Ils disent qu'ils voudraient avoir encore de bonnes jambes!

On leur parle de notre chum; ils nous parlent de leur mémère en braillant! . . . C'est fatiguant ça à la longue!

Ils nous disent: Garde, s'il vous plaît, voulez-vous bouger ma berceuse? . . . Ben là, toé, avec toute l'ouvrage que t'as, tu prends le temps de sacrer un bon coup de pied sur leur berceuse pour les balancer un peu . . . Tout ce qu'il trouve de bon à faire, le pépère, c'est de se garrocher la face la première à terre.

13

Quand on leur donne à manger nous autres mêmes, ben ils crient que la soupe est bouillante! . . . ou ben qu'il y a une araignée dedans! . . . Ben . . . c'est déjà arrivé, mais quand même . . . on a pas le temps de souffler sur chaque cuillèrée qu'on leur donne ou ben de vérifier dans chaque bol de soupe! . . . Moé, j'trouve qu'ils ambitionnent.

Tiens, prends quand on les couche, il y en a un qui souffre d'incontenance . . . ça, ça veut dire qu'il se contient pas . . . ou, si vous aimez mieux, qu'il fait pipi au lit! . . . Moé, j'y ai dit: Pépère, oubliez pas de sonner si vous avez envie, on va vous mettre la bassine! . . . Ben le maudit, il sonne pas! . . . Faut dire que la sonnette a marche pas souvent, elle est toujours brisée. Mais, quand même, il pourrait crier. Ben, ça lui arrive de crier . . . mais on comprend rien nous autres . . .

Quand ils se couchent, il faut qu'ils enlèvent leurs dents. Ben, oui, c'est le règlement . . . Ça doit être parce que c'est dangereux qu'ils les avalent . . . Pis un vieux pas de dents . . . quand toé, tu es en train de jouer aux cartes avec une chumme, ben ça fait que tu comprends rien de ce qu'il te crie . . . Tout ça pour dire qu'on le change le lendemain matin, ça c'est certain par exemple. On est pas de sans coeur. Notre job, on la fait ben!

Quand on change leur lit, ils s'accrochent à nous autres; ils nous font r'voler la coiffe . . . ça, pour la coiffe, c'en est un surtout qui fait ça . . . Les autres sont moins pires . . . Ils nous demandent où est leur canne. Moé, j'les envoie r'voler dans l'coin; c'est toujours là qu'elle est leur canne. Ils tombent dessus à tout coup! . . . Ben là encore, ils trouvent le moyen de se plaindre. Ils disent qu'on leur fait mal!

Y en a un qui pue! . . . Ah! maudit qui pue! . . . Il a mauvaise haleine . . . L'autre jour, je lui ai dit, oh! ben gentiment, j'ai dit comme ça: Voyons, pépère, vous devriez employer un rince-bouche. Il faudrait penser aux autres un peu, à ceux qui vous entourent. C'est pas parce que vous avez le cancer qu'il faut vous laisser aller. Pis, à part de ça, c'est pas pour le temps qui vous reste à vivre

14

que vous devriez vous négliger! J'vous demande pas un effort pour ben longtemps . . . juste le p'tit peu de temps qui vous reste! Ça serait tellement plus agréable pour tout le monde! . . . Ben , croyez-moé, croyéz-moé pas, dit gentiment ou pas, ils sont pas capables de rien prendre . . . Il s'est mis à pleurer, à se tordre les doigts . . . pis, il m'a dit juste dans un souffle: Il me reste si peu de temps à vivre . . . Ah! je le savais pas.

Ben, j'étais un peu mal. A vrai dire ben mal . . . Mais je me suis dit: Ça peut pas faire de tort . . . de toute façon, il n'en a pas pour longtemps . . . Pis comme ça . . . il va nous rendre service; à l'avenir il sentira moins fort. C'est un service que j'ai rendu à tout le monde, moé là!

Hon! . . . y a le bain . . . Y en a un qui a assez peur! Quand c'est le temps du bain, il se met à trembler. Je lui ai dit: Ça suffit, pépère, j'en ai assez! Arrêtez, pis contrôlez-vous. Parce que moé là, j'vais vous laisser tout seul . . . Ben, le maudit, y a eu assez peur qu'y s'est mis à trembler comme une feuille. Aie! quand ça tremble ça, un vieux, ça tremble . . . Pis là, il s'est étalé de tout son long au fond de sa baignoire. Un peu plus, pis y s'noyait . . . J'ai assez ri . . . Ben, c'était pas drôle . . . mais, moé, il me faisait rire. Aie! pépère, que je lui ai dit, faudrait vous mettre une bouée de sauvetage! . . . Maudit qu'il était drôle! . . . Il était tout bleu . . . Tout d'un coup j'ai eu peur par exemple. J'ai dit: Je suis mieux de le sortir de là . . . cou' donc . . . aie! s'il continue le pépère, il va se noyer pour vrai. Pis, il faudrait pas. C'est assez laid ça, un noyé, c'est tout gonflé! . . . Pis, ça ferait pas un bon nom pour la maison, ça . . . Envoye, ma Olga, sors-le d'là! . . . Faut dire que je suis assez consciencieuse. Ça, c'est vrai par exemple.

Ho! il y a les visites, aussi. Ça c'est quelque chose . . . Y en a que ça fait au-dessus de deux ans que, chaque semaine, chaque dimanche, je veux dire ben chaque dimanche de chaque semaine, qu'ils attendent leur fille ou leur fils . . . Pis, quand les visiteurs repartent ils essayent de me faire croire que leurs enfants ont peut-être été retardés. Ben moé, je me suis tannée, pis je leur ai dit: Vous trouvez pas là que deux ans de retard c'est un peu long . . . R'venez-en, pis mettez-vous dans la tête que vous les r'verrez plus! . . . C'est fatiguant ça, à la longue . . . Pis à part de ça là . . . arrêtez donc de jaser avec la visite du monde. C'est pas à vous c'te visite-là.

Là, là, chose, ils m'ont pété une de ces crises à faire brailler une pierre. Pis, ça c'est pas facile de faire brailler une pierre. Vous essaierez . . . vous allez voir . . . Ils ont braillé, ces p'tits vieux là, pour au moins une semaine. Pis après ça, ils diront que ça braille pas pour rien, les vieux!

Ben, y a du monde qui visite les vieux qui sont seuls. Mais ce monde là, ils en ont plusieurs à visiter. Ça fait que, souvent, ils peuvent pas venir. Ce monde là, ils peuvent pas se couper en p'tits morceaux, pis envoyer des p'tits morceaux visiter tous les vieux qui sont tout seuls . . . y en a ben trop de vieux tout seuls . . .

Pis ceux qui ont de la visite, ils se plaignent tout le temps. Ma fille, elle m'a dit que je radotais! . . . Ben c'est vrai aussi . . . elle avait raison! . . . C'est des vieux radoteux . . . Y en a un l'autre jour qui se lamentait: J'ai conté à mon gars que j'étais tombé dans l'escalier, pis que c'était vous qui m'aviez poussé . . . Ben, mon gars m'a dit que j'exagérais; pis il s'est mis à rire.

Ben, c'était vrai que c'était drôle aussi. Pis c'est vrai que le p'tit vieux, il était tombé . . . C'est une journée que j'étais pressée. Ben cou' donc, il se tassait pas. Pis il était dans mes jambes. Ça fait que je l'ai aidé à se tasser. Je l'ai poussé un p'tit peu . . . Y a descendu l'escalier un peu vite, ça c'est vrai. Mais il s'est pas fait mal! Y a du tapis partout . . . Il faut que je fasse ma job, moé! Mais là, je suis tannée de pousser sur la job. Je démissionne.

Ben, à vrai dire, j'ai démissionné . . . ça fait quelque temps. Le directeur a pas voulu me donner de recommandation! . . . Je l'ai pas trouvé trop . . . trop reconnaissant . . . Mais, je m'en fais pas. Je vais m'en trouver une autre job. Je suis pas tellement vieille encore!

Le vieux de la Casa

Hi! Hi! Olga est partie . . . Ça lui a pris du temps en maudit. Je me suis ben amusé avec elle . . . Maudit que je l'ai fait enrager. Elle pensait que j'me plaignais . . . Ben non . . . j'faisais juste asemblant . . . Ça faisait un boutte de temps que je la voyais faire avec sa coiffe d'infirmière, pis ses grands airs . . . Elle nous aimait pas. Elle jouait un jeu . . .

Moi, pour ça, j'ai du flair! Faut dire que je suis pas né d'hier. Je ne suis plus fait de bois vert . . .

Avant d'aboutir ici, ma profession, c'était détective. Pis, j'étais bon . . . bon comme Colombo! . . . Pis ça, c'est pas peu dire! J'ai l'air niaiseux comme lui, pis je suis aussi brillant que lui . . . la différence entre lui pis moé, c'est que lui y fait de la T.V. . . . Il doit pas avoir le temps de faire ben des enquêtes avec tous les films qu'y tourne! . . . moé, j'vous le dis. Mais il faut pas se laisser impressioner par la façade! . . . Ça reste rien que la façade. L'habit fait pas le moine . . . Ça c'est une proverbe vieux comme le monde; pis il reste ben vrai. Quand on regarde en dedans, il faut regarder loin . . . il faut regarder en dedans. Y a des gens qui regardent juste au bout de leur nez, pis je vous dis qu'ils ont le nez court . . .

Quand je voyais Olga malmener mes chums qui sont plus timides . . . moé, j'aimais pas ça. Ça fait que je me suis dit: Attends, ma petite, on va y voir . . . J'ai tout mis en train pour qu'elle se tanne . . . Ben maudit, je pensais pas . . . qu'elle durerait aussi longtemps!

Mais, hi! hi! je l'ai eue! . . . Tout ce que j'ai fait pour la faire partir . . . vous pouvez pas vous l'imaginer! . . . Elle est partie . . . je peux ben vous le conter . . .

Ben, tiens . . . prenons le bain . . . Quand elle me donnait mon bain, ben moé, ici présent, pépère-manie, je m'effouerrais exprès au fond de la baignoire . . . hi! hi! . . . Ça l'énervait, elle avait peur que je me noie! . . . Ben . . . il y avait pas de danger; j'ai été maître-nageur . . . J'ai l'air de rien comme ça . . . je vous l'ai dit, mais y a de quoi en dedans.

Quand elle venait faire les lits le matin, moi, je m'accrochais à elle . . . je lui disais: Mon doux . . . je sens que j'vais tomber! . . . Pis là, je lui décrochais sa coiffe! . . . Elle voyait rouge. Elle était drôle! Hi! Hi! . . . Je riais dans ma barbe.

Quand je la voyais venir pour donner un p'tit coup sur ma berceuse, je me donnais une grosse poussée, pis le berceau de ma chaise lui écrasait le pied! . . . Elle marchait tout croche pour le restant de la journée! . . . Mes chums riaient!

Moé, j'ai ben du plaisir ici. Hi! Hi! j'm'amuse . . . Vous devriez voir le personnel s'énerver . . . ils crient, ils s'inquiètent . . . parce qu'il y a un des pépères qui pleure! . . . C'est rien ça . . . ça fait partie de la vie. Ben, pas tout le temps, mais de toute façon ça lui passe au pépère. Il faut pas s'en faire . . . s'il pleure, nous on est là . . .

Mais Olga, elle, elle n'était pas toujours compréhensive! . . . Ça fait que moé, je lui ai fait la vie dure! Oh! hi! hi!, c'est la fois où . . . hi! hi! . . . je me suis caché dans mon placard . . . Olga est entrée toute excitée dans ma chambre . . . Ben voyons . . . où c'est qu'il est passé? Pépère . . . pépère . . . le médecin veut vous voir! Elle ne me voyait pas, hi! hi! . . . Pépère, pépère, où êtes-vous? Moé, j'répondais pas . . . Pépère a disparu . . . pépère à disparu! . . . Elle était toute proche de la porte de la garde-robe . . . J'ai ouvert doucement la porte . . . j'me suis mis ben droit, les yeux grands ouverts . . . Elle s'est retournée, ma vu, a hurlé . . . puis a hurlé à nouveau . . . Pépère est mort dans le placard! . . . Tout le personnel du plancher s'est ramassé dans ma chambre . . . Quand je les ai vus . . . j'me suis mis à rire! . . . Hi! Hi! elle était blanche de peur et de rage! . . . Elle a pas trouvé ça ben drôle . . . Les autres riaient!

Une fois, elle est venue me donner mon dîner ... Elle a déposé mon plateau sur la table ... Olga, ma chère, il y a une araignée dans ma soupe! ... Ben non, pépère, c'est votre imagination ... Vous cherchez la p'tite bête noire aujourd'hui ... Olga, ma chère, je m'excuse d'insister, mais je tiens à vous souligner qu'il y a une araignée dans ma soupe! ... Pendant qu'elle avait le dos tourné, j'en avais profité pour mettre l'araignée dans ma soupe ... Pis ça, c'est de l'ouvrage se trouver une araignée ... Ça faisait deux jours que je la gardais dans une p'tite boîte. J'attendais qu'on serve de la soupe pour la mettre dedans. Faut dire qu'elle était plus ben forte ... Olga, ma chère, j'crois que la soupe était bouillante ... la pauvre araignée ne bouge plus! ... Pis ça en était une grosse laide, hi! hi! ... Elle avance et vient voir: Aaaaaaaaahhhhhh ... une araignée géante! ... Pis après, ben, elle a perdu connaissance ...

Moé, j'm'amuse ici. C't'une nouvelle qui remplace Olga ... Y va falloir que je la surveille de près ... Elle m'a pas l'air commode ... J'suis en train de penser à d'autres bons tours!

Moé, ce que je trouve le plus drôle ici, c'est quand j'ai de la visite ... Ils sont là à me demander si ça va ... Ils voient ben pourtant! ... Mon garçon m'a dit que, chaque jeudi quand il devait venir me visiter, il sentait ses ulcères lui faire mal ... Ben j'lui ai dit de venir une autre journée ... Comme ça, il se sentirait peut-être mieux ... On peut pas tous être des Colombo pour trouver les solutions ...

Ils pensent que j'm'ennuie ... Pis que c'est pour ça que je joue tant de tours ... Ben non, j'm'ennuie pas ... Pis il me semble que j'ai assez travailler ... je mérite ben de me reposer un peu! J'peux voir le temps passer ... Pour une fois, je peux bercer le temps ... Pour une fois, c'est moi qui peux créer des problèmes sans être obligé de les résoudre ...

Ouais ... à l'âge que j'ai, mes pieds ont assez marché ... Là, je les ralentis ... Ça veut pas dire que ma tête s'arrête ... Ils sont drôles, le monde; ils pensent que parce que notre corps s'arrête, tout s'arrête ... Mais non, c'est l'habit qui semble s'arrêter ... hi! hi! ... Oubliez pas, l'habit fait pas le moine ...!

Oscar et l'armée

Aie! il faut que je vous conte quelque chose ... Quelque chose que je suis allé voir hier vers les huit heures et vingt et vingt-cinq ... Aie! c'était au boute! J'ai assez aimé ça, men ... C'était grave, aie! ... Ben pas pour moé, là ... Non, non, moé, il m'est rien arrivé; mais c'était pour les autres mondes! ... On oublie des fois qu'il y a des choses graves qui arrivent au monde qu'on connaît pas ... C'est pour ça qu'il faut que je vous en parle.

Hier, j'suis allé aux vues! ... Ça adonnait ben, t'sais veux dire, j'vnais juste de recevoir mon chèque de chômage ... Ça fait que j'me suis dit: Oscar, vas-y, vas-y voir un bon film ... Ça fait que j'suis allé. Pis j'ai vu un maudit bon film! ... Il faudrait que vous y alliez le monde. Ce film là, là ... nous faisait prendre connaissance de ben des choses ... entre autre, de la guerre. Parce que c'était un film de guerre! ... Pis c'était bon. Du vrai là. Du vécu! T'sais veux dire ... Aie! à part de ça, ça m'a coûté rien que deux piastres et demie ... Il y avait un autre film avec ça ... Mais y était plate, l'autre ... C'était un film d'amour ... Mais j'avais pas le choix, hein! ... le film d'amour où ça braillait tout le temps là ... ben y passait en premier ... Moé, ça m'fait mourir des films de même. T'sais veux dire ... des films là, où y savent pas si y s'aiment ou ben s'y s'aiment pas ... Maudit que c'est long ça ... Mais le deuxième, taboire, qu'y était bon! Il était assez bon que j'me suis levé juste trois fois! ... La première fois, c'était parce que je voyais rien ... Ben y avait un couple d'amoureux devant moé, t'sais veux dire ... La fille, elle faisait juste coller sa tête sur celle de son chum! ... Ça fait que deux têtes ensemble ... t'sais veux dire ... Ça fait une taboire de grosse tête ... Pis, ça fait que ... tu vois plus rien! ... Ben je la comprends, la fille, par exemple ... Le film de guerre là ... c'était assez poignant! ... Elle devait avoir peur, aie! C'était roffe ... ben pire que le hockey, chose ... Pis la fille avec la tête collée sur celle de son chum, elle devait se dire: Mon doux de taboire, s'y fallait que ça soye mon chum qui soye là à la place du soldat qui vient de se faire grenader ... tu sais veux dire . . . Mais, en tous les cas, moé, il a fallu que je change de place . . . T'aurais dû les voir, chose! Il faisait pitié, pauvre petit couple!

Pis, la deuxième fois où c'est qu'il a fallu que je me lève, c'est quand j'ai décidé d'aller me chercher du pop corn pis une liqueur aux fraises . . . Pis là ben, je suis revenu m'asseoir . . . J'ai fait ça ben vite, la fin de la bataille achevait . . .

Pis la troisième fois que je m'suis levé, c'est quand il a fallu que j'aille pisser . . . T'sais veux dire! . . . Parce que ma liqueur avait eu le temps de toute descendre . . . Mais j'ai rien manqué du film, par exemple . . . J'ai fait ça pendant les batailles, pis les batailles, elles duraient à peu près trois-quatre minutes . . . Ça fait que j'avais le temps de revenir pour savoir qui avait gagné! . . . Aie! c'était un maudit beau film . . . Un vrai film de guerre, t'sais veux dire! . . . Un film où tout le monde meurt! . . . Ben pas toute, toute le monde là . . . toutes les méchants . . . pis une gang de bons aussi!

Moé, j'me dis que ça doit coûter cher un film de même! Pis ça doit être dur de jouer là dedans . . . Pensez-y . . . Tu joues là dedans . . . pis bang . . . taratata . . . au bout d'une heure, t'es plus là . . . T'es mort . . . C'est roffe en taboire sur gars ça! Aie! y a même des fois où tu meurs avant la fin du film! . . . Ça dépend quel rôle tu joues . . . Les pas gradés, ils meurent avant . . . Ben, c'est normal aussi . . . c'est comme dans la vie! . . . Aie! jouer dans un film de même là . . . c'est un pensez-y bien! . . . J'imagine qu'ils doivent prendre du monde découragé . . . du monde qui sont tannés de vivre. Ben, tiens . . . des gars comme le père à mon chum . . .

Aie! lui, il est tanné quelque chose de rare . . . Quand j'suis allé le voir pour lui parler du film, ben il m'a dit: Oscar, farme-toé! Maudite armée . . . maudite bataille . . . maudite vie! . . . Ben, moé j'lui ai dit: Ben voyons, monsieur Legris, faites-moé pas grise mine, ah! ah! ça c'était un jeu de mots . . . Ben, t'sais veux dire . . . Tu

22

veux-tu voir comment il est tanné cet homme là . . . Ben il a même pas ri de ma farce ! . . . Ça en prend du monde pour défendre notre pays ! . . . Des gars capables, pis qui veulent être utiles ! . . . Arrêtez d'avoir peur, monsieur Legris, à l'âge où vous êtes rendu . . . si jamais il y a une guerre, faites-vous-en pas, ils vont vous laisser tranquille ! . . . Oubliez pas que, dans l'armée, pour mourir . . . il faut être jeune et en santé. Ça sert à rien de tuer des vieux . . . Ça rapporte pas . . . pis des vieux, c'est plus assez agressif !

Ben là, taboire, il avait les yeux toute trempes. J'ai dit dans moé même . . . Oscar, il faut pas s'en faire. Ça doit être qu'il a chaud ! . . . Les vieux, c'est pas comme nous autres. Ca r'sue peut-être des yeux, t'sais veux dire . . . Nous autres, les jeunes, on r'sue dans face, en dessous des bras, en dessous des pieds, mais les vieux . . . ça m'a tout l'air que c'est dans les yeux ! . . . Moé, c'est des pieds; je r'sue assez, men, que les pieds me glissent dans le fond de mes bottines ! . . . Ouais . . . dans mes belles bottines d'armée. C'est mon chum qui me les a volées . . . Mon chum, il était dans l'armée, le maudit chanceux !

Un soir, on était assis ensemble, t'sais ben, pis on était en train de boire notre bière d'épinette, pis on r'gardait le T.V., ben en face, pis elle aussi a nous r'gardait en face . . . quand, tout à coup, men, qu'est-ce qui nous r'vole dans face ? . . . Une annonce de publicité . . . Une annonce de publicité pour s'engager . . . Yes, sir, pour s'engager dans l'armée. L'annonce, elle nous disait de même: Si teux veux vivre ta vie . . . Une vie saine, enivrante, excitante . . . viens te joindre à nous . . . Si tu veux de l'amitié, de l'aventure, viens te joindre à nous . . . Viens t'engager dans les forces armées . . . Mon chum, qui se trouvait à être en même temps le fils à monsieur Legris . . . il m'a regardé dans le blanc des yeux, pis moé aussi . . . On s'est dit: On y va, ostie !

On y est allé. Lui, y a été engagé. Pas moé. Ben, c'est lui qui m'a volé la paire de belles bottines . . . Moé, y ont pas voulu m'engager . . . Parce que j'avais les pieds plats . . . Ben, je les ai encore plats . . . Parce que sans ça, je serais r'tourné r'joindre mon chum ! Moé, j'pense que c'est mon r'suage qui me fait les pieds plats . . .

Aie! quand son père l'a su! Ben y a failli mourir . . . Il était contre ça . . . Il a failli en perdre le souffle . . . Ben, il aurait dû le perdre son souffle! . . . parce que là, il est pas diable fort . . . fort! T'sais veux dire!

Moé, j'trouve ça bon l'armée . . . Est fine avec toé, l'armée. L'armée, elle t'habille, elle pense pour toé, elle t'aide à boire . . . Parce que le soir, souvent, ben t'as rien à faire, hein! . . . Ça fait que tu vas boire, ça passe le temps. Pis, à part de ça, l'armée, elle t'apprend à t'battre . . . Aie! ça c'est quelque chose, pis c'est ben important dans l'armée ça! . . . J'le sais, mon chum, il me l'a dit!

En tous cas, monsieur Legris, il aimait pas ça. Ben son gars, il est allé quand même. Il m'avait dit, mon chum: Oscar, penses-tu que je devrais y aller, ou ben que je devrais pas y aller? . . . Ben moé icitte, Oscar, son chum, je lui ai dit: Pense pas, fais comme dans l'armée . . . pis vas-y . . . Ben, il est allé . . . Pis il l'a pas regretté . . . Ben, il faut dire qu'il a pas eu le temps aussi! . . . Il est mort pas longtemps après son enrôlement . . . Il est mort comme un héros de guerre . . . Il est mort jeune.

A chaque fois que je parle de ça à monsieur Legris, il se met à brailler, pis à crier. Ca fait que je lui en parle plus. Mais moé, je suis sûr que, dans le fond, il est jaloux! . . . Aie! pensez-y . . . son fils, il est mort à vingt ans . . . en héros, c'est quelque chose ça! Pis lui, monsieur Legris, il est vieux . . . pis il est pas mort encore! C'est dur à prendre ça! . . . Moé . . . j'suis pas jaloux. J'suis fier de mon chum! Yes, sir!

Ben oui . . . mon chum, à un moment donné, t'sais veux dire, les ordres, c'est les ordres . . . Il a eu l'ordre d'embarquer avec ses autres chums d'amitié, parce que l'amitié, il l'a connue là-bas . . . Mon chum, ça toujours été un gars qui a eu de l'argent, ça fait que l'amitié, elle le suivait! . . . Surtout le soir quand tout le monde avait plus rien à faire . . . En tous cas . . . la publicité, elle était pas trompeuse sur ça . . . de l'amitié, men, y en avait! Tant qu'y avait de l'argent pour payer à boire!

Ça fait que la gang de p'tis soldats sont embarqués dans un camion . . . parce que le gouvernement . . . il disait qu'il avait déclaré . . . l'état de guerre au Québec . . . T'sais veux dire ! . . . Ça veut dire que t'as une mission . . . C'est parce que dans le Québec il y avait des gars qui paraît qui avaient tué un ministre . . . Ces gars-là, il paraît que c'était des durs, des terroristes ! . . . ben c'était peut-être pas eux autres qui avaient fait ça, han ! . . . Mais, en tous cas, faut toujours ben qu'on mette la faute sur le dos de quelqu'un . . . t'sais veux dire.

Ça fait que là . . . la porte s'est ouverte. Pis l'armée est rentrée dans Montréal . . . Taboire que le monde avait peur . . . Ça fait que mon chum, il est parti avec sa gang.

Aie ! moé, j'aurais aimé ça, faire un beau tour de camion . . . Ils sont partis en camion fermé . . . Maudit que c'est excitant ça ! . . . Ils s'en allaient pour surveiller pis faire peur au monde ! . . . Pis la police, elle, elle avait juste à ramasser ceux qui avaient l'air de penser . . . ceux qui étaient trop poilus aussi ! . . . Aie ! c'est pas bon de penser . . . ben pas trop . . . Pis le pire, c'est qu'il y en a que trop penser . . . ça amène à plus penser comme tout le monde, t'sais veux dire . . . On est une société, pis de ne pas penser comme tout le monde, ça fait du trouble ça ! Ca fait du monde comme monsieur Legris . . . Du monde qui voit des problèmes où il y en a . . . yes, sir . . . Mais ça . . . voir les problèmes, c'est pas au monde ordinaire à voir ça . . . c'est au gouvernement . . . C'est leur job ! . . . Pis, y faut pas leur enlever, t'sais veux dire . . .

Ça fait que rendu là . . . ben, mon chum, il se pitche en bas du camion . . . Il devait avoir hâte de devenir un héros . . . Pis là, ben, le maudit chanceux, v'là tu pas que son fusil, y part ! Bang . . . mort sur le coup . . . vingt ans de finis . . . Mort sur le coup de six heures . . . pendant l'angélus. Aie ! y avait même pas soupé encore. Ça, ça dû être dur . . . parce que lui y aimait ça manger . . . Là, l'armée, elle l'a regardé tomber, pis elle l'a ramassé. L'armée, elle abandonne jamais personne . . . Elle a dit tout de suite sans hésiter: Un héros . . .

25

L'armée, elle en a pas parlé de ça . . . Ben, c'est normal aussi! Les vrais héros, on en parle pas. Pis lui, ben . . . il était le premier héros des événements d'octobre! . . . Moé, je l'ai trouvé chanceux! Aie! son père là, il a reçu une belle lettre, t'sais veux dire . . . Une belle lettre comme dans les films de guerre. La lettre, elle lui disait: Monsieur, votre fils est mort au devoir comme un héros de guerre . . . Aie! c'est quelque chose ça . . . Pis l'armée a ben fait ça. Elle a renvoyé le corps de mon chum à son père . . . pis ça lui a pas coûté une cenne de transport. Aie! c'est pas n'importe qui qui ferait ça pour toé . . . Ben, la seule chose que je trouve de valeur . . . c'est que l'armée, elle lui a pas laissé son linge . . . Il aurait été tellement beau en soldat!

Moé, je lui ai dit au père de mon chum: Monsieur Legris, c'est vrai, han!, qu'il a vécu sa vie votre gars? . . . Pis elle a été remplie jusqu'au boute! . . . C'est quelque chose, ça, mourir à vingt ans . . . en héros! . . . Ben, là, le bonhomme, il m'a lâché un de ces cris . . . J'en ai eu les pieds tout mouillés tellement j'ai eu peur.

Moé, j'trouve qu'il devrait pas prendre ça de même . . . Aie! quand j'y repense là . . . l'armée, elle t'habille; elle lave ton ligne, pis ton cerveau; elle te nourrit; elle te donne des chums pour boire . . . ben non, pas juste pour boire, non, non . . . mais pour boire aussi . . . pis elle te fait faire des tours de camion gratis! . . . Pis l'armée, elle s'occupe même de ta mort! . . . Aie! tu connais-tu ben du monde toé, qui font tout ça? . . . Ben, pas moé, ostie! . . . A part de l'armée . . . j'en connais pas d'autres, men! . . . Pis ça, j'ai ben essayé de lui faire comprendre au bonhomme . . . Ben, il a rien compris . . . il s'est mis à rire, t'sais veux dire! . . . Il riait, pis il riait, pis il braillait en même temps! Aie! il m'a presque fait peur encore, ostie! . . . Y a même pas voulu que je lui conte mon film de guerre . . . Pourtant y était bon! C'est écoeurant, ça!

Moé là, j'voulais juste faire comprendre à monsieur Legris que mon chum qui se trouvait à être son fils, t'sais veux dire, j'voulais lui faire comprendre que c'était quelque chose d'être mort de même . . . Dans le film que j'ai vu hier, ben taboire, y en a pas un maudit qui est mort comme mon chum! Pas un sur toute la gang! C'est quelque chose, hein! . . . L'armée, elle lui a même pas donné une mort comme les autres! . . . Une mort toute neuve . . . une mort pas vue! . . . Aie! t'sais veux dire, mourir à vingt ans . . . toutes tes dents, pas de poques dans le front . . . pis partir en descendant d'un camion . . . faut le faire! . . . Ben, lui, mon chum, il l'a fait! . . . Ça c'est une maudite belle mort . . . Mort en héros, qu'y ont dit.

Le bonhomme Legris, y prend pas ça! . . . Il fait juste pleurer . . . ou ben chialer! . . . Ben, t'sais veux dire là . . . L'armée, elle est ben bonne, mais elle peut pas l'engager, lui . . . il est trop vieux. Dans l'armée, des vieux héros . . . ils en ont pas besoin, la dernière guerre leur en a donné en masse. Il leur faut des jeunes là . . . chacun son tour. Il faudrait ben qu'il comprenne ça, lui! Son gars, il est mort en servant le pays! Pis il s'rait mieux de se rentrer ça dans tête . . .

Mais, ce qu'il y avait de plus maudit, c'est que le pays, il l'avait pas visité encore! Ça, c'est choquant par exemple! . . . C'est que ça faisait juste un an qu'il était dans l'armée . . . Mais, ça fait rien; il est mort en héros pour sa patrie! . . . Moé là, si j'avais pas les pieds plats . . . maudit que j'aimerais ça! . . . Ben, peut-être pas assez pour m'engager par exemple. T'sais veux dire, l'histoire à mon chum là, elle m'a énervé un peu. Moé, j'suis pas aussi brave que lui.

Aie! son père, il chiale que personne a parlé de son gars! Il dit qu'ils ont tenu ça mort!!! Qu'ils ont étouffé l'affaire . . . C'est pas drôle être jaloux de même! . . . Il voudrait que la gloire r'vole toute sur lui . . . On dirait qu'il oublie que les héros, c'est des gars-z-humbles, ça! . . . Pis l'armée, men, elle est pas pour se mettre à crier partout: On a un jeune héros de guerre de vingt ans qui est mort en se pitchant en bas d'un camion fermé; son fusil est parti;

pis sa tête aussi . . . Aie! de quoi, elle aurait l'air, l'armée? Le monde dirait: Taboire . . . t'entends-tu ça, comme a se vante l'armée?
Regarde là . . . si elle fait sa fine . . . Ça fait que l'armée, elle en a
pas parlé. Ça dû être dur par exemple. Mais l'armée, men, c'est
comme les chômeurs ça . . . faut que ça se tienne! Yes, sir . . . pis
elle a se tient . . . est même plus capable que les chômeurs, elle est
plus habituée. Pis y a des choses qu'il faut que l'armée a garde se-
crètes! T'sais veux dire . . . l'armée, elle enterre autant de secrets
que d'hommes . . . Ça, l'armée, elle est fiable pour ça! . . . Le
bonhomme Legris, il a été obligé de le r'connaître . . . Yes, sir . . .
Ça fait que là . . . j'ai dit à monsieur Legris: Vous voyez, j'ai pas
toujours tort, hein! On a ben fini pas s'entendre sur quelque chose . . . Y a rien dit . . .

Olga jardinière

Madame Rouleau quand elle m'a vue, elle m'a crié un: You-hou, attendez-moi, il m'en reste plus rien qu'un à habiller . . . Moé, j'me suis dit qu'elle en faisait trop . . . tout ça, c'est ben beau là; mais ses p'tits ils seront jamais pêts pour entrer en première année.

Pis je me demandais ben ce qu'elle me voulait. Des conseils? . . . c'est ça, c'est des conseils qu'elle veut . . . Faut dire que j'réussis ben aussi. C'est pas pour me vanter, mai j'suis un as, un as dans tout, moé. J'ai jamais rencontré quelqu'un qui réussirait ben comme moé.

Là, elle m'arrive juste sur une patte, madame! . . . Les cheveux ébouriffés, le sourire fendu par en bas; c'était effrayant; ça faisait peur . . . Le sourire y traînait dans le cou; elle avait l'oeil énervé, plus que ça, affolé!

Maudit, il est grand temps qu'elle se décide à venir me voir. Avec l'air qu'elle a, elle passera pas l'année . . . y en a que ça énerve ben gros l'enseignement . . .

Elle rentre dans ma classe, chose, pis elle me lance un: J'aime pas ce que vous faites dans votre classe; ça m'énerve, pis je trouve pas ça correct!

Ça y est, elle est jalouse; ça l'énerve parce qu'elle peut pas faire la même chose. C'est vrai que des fois c'est pas correct que le monde puisse pas réussir . . . Je lui en voulais pas . . . Je lui ai dit: Ben, je peux vous expliquer mes méthodes . . . Elle m'a dit: Non . . vos méthodes, je les connais, mademoiselle!

Mon doux, elle est ben pognée; elle comprend rien . . . Il va falloir lui expliquer même si elle veut pas . . . Moé, ça me dépasse. Ma classe, moé, elle est tranquille. Mais la sienne . . . if! c'est le genre laisser-faire . . . Je m'suis choqué, pis à mon tour, je lui garroché: Ecoutez ben, vous là . . . ma méthode a vaut la vôtre . . . Elle a rien dit.

Ben juste pendant quelques secondes, par exemple. Après quelques secondes, elle m'a hurlé . . . oui, oui hurlé dans l'oreille, chose! . . . Moé, j'trouve pas ça pédagogique. Elle m'a hurlé: Ben, dites . . . dites . . . dites . . .

Dites, dites, dites, es-tu assez bonne elle! A m'énervait tout d'un coup là, elle! . . . Prenez sur vous; assisez-vous. Laissez-moi me remettre un peu. J'suis pas habituée, moé, à me faire hurler dans les oreilles de même! . . . Pis, vous saurez que vos p'tits sont plus calmes que vous, madame!

Ben oui . . . depuis que j'ai laissé la Casa, j'me suis trouvée une nouvelle position . . . J'enseigne au jardin . . . J'suis jardinière. J'ai la classe B. Madame Rouleau, elle, c'est la classe A. Je trouve ça intéressant, ça fait un p'tit changement . . . Pensez-y, aie! Je prépare nos futurs vieillards.

Ben, vous êtes calmée vous là . . . Ça pas d'allure de discuter avec des emportées de même . . . Faites pas la smatte vous là . . . qu'elle me crie dans la face. C'est donc laid ça, de crier de même. Pis à part de ça, elle postillonne, if! qu'elle postillonne. J'en avais le rimel qui me coulait . . . Olga, prends sur toé! . . . Je l'ai regardée, j'me suis dit: Ça doit être son foie, elle file bilieuse . . . C'est pas drôle de crier de même; c'est aussi pire que la cigarette, ça! Ça magane les cordes vocales. Je le sais, moé . . . j'étais infirmière avant. Ben . . . pas une vraie, pour être plus vraie, j'étais aide-infirmière.

Ecoutez, madame Rouleau, prenez garde à vos vilaines paroles, sinon je ne vous expliquerai pas ma nouvelle méthode.

30

Elle était là qui gesticulait; elle me disait qu'elle en avait rien à faire de mes nouvelles méthodes. Moé, j'ai trouvé ça effrayant, rester dans l'ignorance . . . comme ça! . . . Ben, j'ai pris mon courage à deux mains, pis moé aussi je lui ai crié: NON . . . C'EST AS- SEZ! . . . Taisez-vous, écoutez-moé! . . . C'est fatiguant ça à la longue de se faire interrompre tout le temps comme ça!

Bon, pour commencer, il faut que je vous dise que c'est pas facile tous les jours . . . Mais ma brillante intelligence a eu le génie de créer une méthode extraordinaire! . . . C'est pas de votre faute si vous manquez d'imagination, ça je le comprends . . . Bref, je pars du principe, madame, que je suis contre le laisser-faire . . . Ça fait que j'y ai remédié. Ma méthode est bien simple . . . c'est ce que j'appelle la méthode disciplinaire-progressive. C'est beau, hein! Y fallait y penser. Pis moé, ben, j'y ai pensé . . . Mon dieu que je m'aime-t-y! . . .

J'ai trois martinets. Un petit, un moyen, un gros. Comme ça, les enfants peuvent bien les identifier. La première fois que les en- fants refusent d'écouter, je me sers du petit martinet . . . La deu- xième fois, c'est du moyen martinet qu'ils reçoivent. Vous voyez la progression? . . . Voilà vous avez compris, j'en suis sûre . . . La troisième fois, c'est le gros martinet . . . Je les ai peints aussi. Le petit est bleu. Le moyen est rouge. Le gros est rose . . . comme ça ils apprennent en même temps leurs couleurs primaires . . . pis moé, je peux leur en faire voir de toutes les couleurs.

Ma devise c'est: discipline, et art de l'apprentissage . . . J'ai pas un de mes p'tits, moé, madame, qui ne sait pas ses couleurs primaires! . . . Je vous le dis, il faut le faire. La progression dans tout!

Je vais porter plainte! . . . C'est la folle à Rouleau qui m'a crié ça après mon brillant exposé! . . . J'en revenais pas . . . Le manque de connaissance, c'que ça peut faire!

Ses p'tits dans sa classe, elle, ils crient tout le temps . . . Moé, les miens, c'est juste quand je les frappe.

Aie ! j'voudrais ben voir ça qu'elle porte plainte ! . . . Je me suis dit qu'elle avait dû mal saisir mon exposé . . . Ça fait que j'ai continué . . . Moé, ma chère, j'commence l'année scolaire en exigeant qu'ils sachent faire leurs boucles de souliers . . . C'est élémentaire ! . . . C'est effrayant ! . . . à cinq ans, ça sait pas faire ça encore . . . Ben moé, je l'ai pas pris. Y vont frapper un noeud, que je me suis dit. Ça fait que ceux qui savaient pas s'exécuter, je leur ai attaché leurs lacets de souliers ensemble . . . Quand ils venaient pour se lever, ils s'effouairaient à terre . . . Pis, quand ils étaient tannés de tomber la face la première à terre, ayez pas peur qu'ils se sont décidés, pis ils ont appris . . . Ah ! ils braillaient, mais moé, ça . . . ça m'impressionne pas, j'ai vu pire.

Ils sont pas toujours commodes ! . . . J'en ai dans ma classe qui jouent des tours ! . . . Y en a un qui m'est arrivé un matin avec une barbe postiche ! . . . Vous voyez, hein ! Il s'amusait à faire rire ses p'tits camarades . . . Je lui ai dit: Gaston, ça suffit ! . . . Enlève-moé ça tout de suite, t'es pas au théâtre ici . . . Si ton père porte une barbe, c'est son affaire . . . Gaston de la progression . . . attends d'avoir du poil au menton ! Pis ton phénomène d'identification, il faut t'en faire une raison, tu le feras à la maison.

Le p'tit Gaston y criait . . . Il voulait pas que je lui enlève sa barbe postiche . . . Ben, je l'ai pris le p'tit maudit . . . pis je l'ai sacré dans le parc ! . . . Ben sûr que j'ai un parc . . . J'appelle ça l'enclos d'apaisement. C'est cute, hein ! . . . Là, Gaston y a voulu me mordre . . . Gaston . . . mademoiselle a compté là . . . compte avec elle . . . un martinet, deux martinets . . . ben y a arrêté dret là ! . . . Là, j'lui ai arraché sa barbe . . . Maudit qu'elle était ben collée. La peau est venue avec. Il s'est mis à pleurer de plus belle. Ca fait que je lui ai expliqué: Gaston, cher, un grand ou un petit gars, ça pleure pas ! . . . une grande ou une petite fille, ça pleure pas ! . . . Juste les vieux . . . Il faut être progressif. Avant de pleurer . . . il faut vieillir.

Là, j'ai vu madame Rouleau qui virait de l'oeil! . . . Je lui ai dit: Remettez-vous, vous voyez mal les choses là! . . . Tenez . . . regardez là dans le coin, qu'est-ce que vous voyez? . . . Des berceuses, qu'elle me répond . . . Oui, bravo, c'est ça . . . Et savez-vous ce que je fais avec les berceuses? . . . Non! . . . ben moé, je vais vous l'expliquer . . . J'me demande ce qu'elle fait dans l'enseignement, elle! . . . Elle comprend jamais rien sans qu'on lui explique tout. Ça doit être en pensant à du monde de même qu'ils ont créé le dicton qui dit que l'élève dépasse le maître . . . parce que ses p'tits, ils comprennent plus vite qu'elle . . . ça, j'en suis sûre. Ben, c'est pas un dicton . . . c'est plutôt une remarque. Non . . . en tant que pédagogue, je me dois d'être précise! . . . J'appellerais ça une brillante observation.

Bon ben, les berceuses, elles servent à rendre mes jeunes enfants plus autonomes. Je développe leur autonomie. C'est-à-dire: le droit pour l'individu de déterminer librement les règles auxquelles il se soumet.

Imaginez-vous qu'ils peuvent choisir leur berceuse . . . Ben sûr, encore là, l'apprentissage de l'autonomie se doit d'être progressif . . . Je trouve ça bien important! . . . Dans un premier temps qui dure un mois, ils peuvent regarder la berceuse qu'ils désirent . . . Dans un deuxième temps qui dure encore un mois, ils peuvent toucher à la berceuse qu'ils désirent . . . Dans un troisième temps qui dure encore un mois, ils peuvent s'asseoir dessus. Mais sans se bercer! . . . Dans le dernier temps, ils peuvent se bercer . . . Pendant une heure, pas plus pas moins . . . Faut pas trop les gâter!

Vous n'avez jamais de disputes, qu'elle me demande . . . Maudit qu'est niaiseuse, la Rouleau . . . J'étais stupéfaite d'une telle question! . . . Où s'en va l'éducation et le sens de l'observation? . . . Mais non, mais non, aucune dispute, ma chère consoeur . . . Vous n'avez pas remarqué qu'elles étaient toutes identiques? . . .

Il y a aussi l'ouverture du coeur à autrui. Je trouve ça bien important . . . qu'ils oublient ! . . . Ça fait que je leur ai montré une belle petite prière qui se prie comme suit . . . Je sens que vous voulez l'entendre . . . Je vais donc vous la prier . . . Bon Jésus, faites de cette journée la plus belle de l'année . . . et que mademoiselle puisse toffer sa gang du jardin B . . . C'est progressif encore là. Ils pensent à mademoiselle pour commencer . . . ensuite, ils pourront penser à eux-autres . . . C'est fin, hein !

J'ai réglé le problème de l'habillage aussi . . . Encore là, de façon progressive . . . C'est-à-dire que . . . progressivement . . . je me suis rendu compte que l'on perdait un temps précieux et considérable pour l'habillage ! . . . Voyez-vous, cette fois-ci, la progression a été plus subtile . . . C'est ma pensée qui a progressé . . . et non la solution. La solution, elle, a été radicale.

Mais l'exception justifie la règle . . . La progression y était . . . oui . . . oui . . . dans la pensée ! . . . et c'est là le plus important . . . Ça fait que je laisse ma gang toute habillée dans la classe . . . Oh ! ils peuvent ouvrir leur manteau . . . Ben juste ceux qui ont un zip, les boutons c'est trop long à attacher . . . Ils me disent qu'il fait chaud ! . . . Moé, ça me fait rien ça . . . Je leur ai expliqué que ça les ferait transpirer, pis que c'était bon pour la santé . . . Quand on leur explique, ils comprennent ! . . . Moé, j'explique toujours avec mes martinets . . . Pis il ont pas de misère à comprendre.

Là-dessus, madame Rouleau s'est mise à hurler comme une sirène . . . Je me suis rendue près de la fenêtre . . . je me suis dit c'est peut-être dehors . . . c'est pas possible, ça peut pas être elle . . c'est un exercice de feu . . . c'est ça ! . . . Pourtant ils font ça quand les p'tits sont là . . . Pis, à ben fallu que je me rende à l'évidence ! C'était elle ! . . . Elle hurlait !

Elle a réussi, à un moment donné, à me respirer un : S'il vous plaît, j'en ai assez entendu . . . Taisez-vous, je vais porter plainte.

Non, mais es-tu fatiguante avec ça, elle! . . . Ah! vous me faites penser . . . J'ai un coffre à jouets vide, ici . . . J'enferme mes p'tits paniers-percés dedans! . . . C'est donc laid ça , le bavardage!

Là-dessus le directeur est arrivé . . . Il a trouvé ça drôle . . . Non . . . j'veux dire il a pas trouvé ça drôle! . . . Ils m'ont traitée de femme dénaturée, de sadique . . . Ben en tous cas j'ai perdu ma job.

Mais j'comprends pas pourquoi ils parlent de moi de même! Il me semble que ma méthode était bonne! . . . Moé, j'ai vu ben du monde utiliser cette méthode-là . . . De toute façon . . . ça me fait pas grand chose. Les enfants, ça ressemble trop aux vieux . . . C'est comme des p'tits vases en cristal! . . . Si on crie trop fort, ça se brise en mille morceaux! . . . Pis c'est plus réparable!

Maudit que je me sens vieille à soir . . . tout d'un coup comme ça! . . . Moé, j'ai toujours voulu réussir . . . pis là . . . à soir, je me rends compte que pour réussir . . . il faut savoir aimer . . . quand on vit avec le monde . . . j'pense que la violence ça donne rien de durable . . . ben en tout ça, moé, ça m'a rien donné de durable!

Vous autres . . . le savez-vous comment on fait pour aimer? Vous pourriez me l'apprendre . . . J'vas essayer de plus crier . . . Maudit que je me sens vieille tout d'un coup! . . . Maudit que je me sens seule à soir!

Oscar
et les enfants

C'est écoeurant comme ça se plaint des enfants! T'sais veux dire . . . C'est ingrat en taboire un p'tit . . . Moé, j'le sais parce que j'en suis un . . . Ben non . . . c'est une farce ça, là . . . Non, non . . . j'le sais moé, parce que j'l'ai vu . . .

Moé, j'en connais qui sont assez ingrats, c'est pas possible J'ai connu un p'tit gars spécialement, t'sais veux dire! . . . Le p'tit gars, il s'appelait Gustave. Il restait pas loin de chez-nous. Il restait à vingt, vingt-cinq lignes de trottoir, de ciel, purgatoire, enfer, de chez nous . . . Sa maison à lui, elle arrivait en face de ciel, il me semble!

Ben, en tout cas, ce p'tit gars là, avant de v'nir rester dans ma rue, il restait dans une autre rue pas mal plus loin. Pis là, à un moment donné, la gang qui s'occupe des enfants maltraités, elle a décidé de l'enlever de son foyer propre! . . . Ben, c'était pas propre, propre, mais c'était chez-lui! . . . Pis là, ils l'ont pogné, pis ils l'ont placé dans notre rue. Dans une maison avec du monde ben tranquille, t'sais veux dire.

Ben moé, chu pas pour ça. Ce p'tit là, il était ben avant . . . Il avait deux parents, son père pis sa mère . . . Il vivait avec sa famille. Pis, ça c'est normal! . . . Il y a rien pour remplacer ça, men! Moé, j'trouve ça écoeurant qu'ils l'aient enlevé de chez-lui! . . . Parce que ce p'tit gars là, ses parents l'aimaient. Yes, sir!

Sa mère au p'tit gars, elle l'aimait assez qu'elle voulait le garder juste pour elle, tout le temps! . . . Elle le laissait pas sortir de la maison. Elle l'aimait trop. Pis, à part de ça, r'gorde comme elle était bonne . . . elle le forçait à se débrouiller tout seul ce p'tit là. Elle lui disait: Gustave, mon ostie, mouve, pis fais à manger à ton p'tit frère, moé, j'suis trop fatiguée . . . Parce que lui, Gustave, il avait un frère jumeau. T'sais veux dire, un frère jumeau là . . . c'est quand tu viens au monde là, le même jour, pis que tu sors de la même mouman, pis que c'est le même poupa . . . Ça fait que lui, il était jumeau pis son frère aussi . . . Ben ils étaient jumeaux ensemble . . . Ça fait que tous les matins, sa mère à Gustave, elle lui disait de s'occuper de son frère . . . Parce que son frère jumeau, il était infirme, t'sais veux dire . . . quand c'est de naissance là, c'est ben dur de faire quelque chose. Gustave, il avait cinq ans, il était assez vieux pour aider! . . . Il comprenait pas ça . . . pis il se plaignait!

Aie! moé, j'ai eu juste mon père, hein! . . . Pis moé, j'me suis jamais plaint . . . Pis j'aurais pu! Non!!! . . . j'me suis jamais plaint. On dirait que Gustave, il comprenait pas ça. Il comprenait pas que sa mère il fallait qu'elle se repose. Il était assez vieux pour comprendre ça, ça me semble . . . Une mère avec deux p'tits là, c'est pesant à supporter . . . toute une journée. Pis sa mère, elle avait le jumeau infirme en plus. Pis ses trois cents livres à elle. C'est quelque chose ça! . . . Aie! à la fin de l'avant-midi, elle en pouvait plus cette femme là! . . . Ben taboire, Gustave, il comprenait pas ça . . . Il disait que sa mère, elle l'aimait pas . . . C'est pas vrai ça . . . C'est des mentries, t'sais veux dire.

J'vas t'en donner une preuve, moé, qu'elle l'aimait . . . Elle l'aimait assez son p'tit gars là . . . qu'elle l'attachait, lui pis son p'tit frère jumeau, après une chaise. Pis, elle, ben au lieu de boire à l'hôtel . . . ben maudit, elle buvait à côté, elle s'assoyait dans un coin là . . . pis elle passait la journée là . . . Pis des fois, elle se couchait à terre. Mais elle les laissait jamais, ses p'tits . . . Pis tu vas me faire accroire qu'elle les aimait pas? . . . Ben tiens . . . une autre preuve qu'elle l'aimait son p'tit . . . Elle le trouvait assez beau, men ce p'tit là . . . qu'elle l'habillait pas . . . Ben, elle lui mettait une p'tite culotte, mais rien d'autre . . . Elle lui achetait pas de linge. Ni à Gustave, ni au jumeau à Gustave!

Oh! aie! r'gorde comme elle les aimait . . . T'sais les médecins, ils parlent souvent à T.V., des enfants trop gros . . . Ben, elle, elle y voyait à ses p'tits. Elle les faisait pas manger trop . . . trop . . Pourquoi? . . . Parce qu'elle ne voulait pas qu'ils viennent comme elle, t'sais veux dire . . . Parce qu'elle, elle était bacaise en taboire. Pis le monde disent qu'elle n'aimait pas ses p'tits! . . . C'est effrayant, moé, je trouve ça ben triste des affaires de même.

Pis son père à Gustave, je vous en ai pas parlé? . . . Son père, ils les aimait ses enfants . . . Tous les soirs que les jours amenaient, il rentrait à la maison, pis il s'informait toujours comment ça avait été . . . Pis son père, s'il apprenait que les p'tits avaient été tannants, ben il les réprimandait . . . Il leur donnait une volée, t'sais veux dire . . . Il les assommait comme il faut. O.K., O.K., tu vas me dire que des fois, le père il oubliait de demander aux enfants si ça avait ben été . . . Mais il faut le comprendre . . . Moé, j'ai pour mon dire que l'erreur est humaine. Pis des fois, ben leur père, il rentrait fatigué . . . ou ben ça avait été mal à l'ouvrage . . . pis . . . il se choquait un peu plus vite . . . Ça arrive ça . . .

Ben, taboire, le p'tit y comprenait pas ça! . . . Il se plaignait. Ben pas fort, par exemple . . . parce que le p'tit là . . . il était plus ben fort quans son père l'avait réprimandé . . . Ben, tiens, une autre preuve que sa mère l'aimait son p'tit . . .

39

Un jour là, le feu a pogné dans une maison, hein!... ben la mère, elle est restée couchée à terre, yes sir!... pis le p'tit, il s'est sauvé... pas le jumeau à Gustave par exemple!... parce que lui, il était pogné sur la chaise haute... Ça fait qu'elle, elle a fait comme le capitaine de navire, elle est restée couchée à terre avec sa bouteille. Tant que les voisins sont pas venus... Elle a pas quitté le navire cette femme là... Ben à fallu qu'ils la traînent dehors, pis après ça, ils vont dire qu'elle était pas bonne!... Aie! r'gorde ça comme c'est effrayant! C'est pas possible... Là, le monde ils ont dit: C'est assez... il faut sortir les enfants de là... Ils les ont enlevés à leur mère!... C'est pour ça que Gustave, il est rendu dans notre rue... Pis il a parlé contre ses parents... Ben c'est un enfant, hein!... Il comprend pas encore... Gustave dit qu'il est ben où il est!... Mais c'est pas ses parents! C'est effrayent comme c'est ingrat... les enfants!

Moé, chu pas de même par exemple. T'sais veux dire. O.K., O.K., tu vas dire que c'est pas pareil... mais moé icitte là, j'aurais pu me plaindre si j'avais voulu... Ben non! Jamais! Aie! j'avais pas de mère, moé!... C'est dur sur un p'tit gars... Il fallait que je fasse la vaisselle, moé!... à partir de quinze ans... Mais, j'me suis pas plaint... J'ai pas eu de char, moé!... J'ai eu juste une moto... J'me suis pas plaint! No, sir! J'me suis pas plaint!

J'en connais une autre histoire d'enfant sans coeur, moé!... Pis, j'vas vous la conter, pour vous réveiller au problème des enfants ingrats!... C'est l'histoire d'une petite fille... Elle se plaignait autant que le p'tit gars... Pis elle, on dira ce qu'on voudra, mais sa mère, elle l'aimait!... Mais la petite fille, elle disait que non. C'est effrayant si c'est ingrat, les enfants, t'sais veux dire... Y a du monde qui voulait que la mère, elle donne sa p'tite. Ben, la mère elle voulait pas. Ecoute ben celle-là... C'est écourant ce qu'ils peuvent inventer les enfants... La p'tite fille, elle a été dire au monde... que sa mère, sa propre mère, elle avait éteint une cigarette sur elle, juste pour lui faire mal!... Pour voir si une mère ferait des affaires de même... Ben non, c'est pas vrai ça... Sa mère, c'était une femme distraite, pis en plus, cette fois là, elle avait pris des pilules... pis les pilules, ben ça fait voir des affaires.

Elle a les nerfs malades un peu! . . . Ça fait qu'elle avait pris sa p'tite pour un cendrier! . . . C'est tout! . . . Elle avait pas fait exprès . . . Sa mère, elle était affectueuse, pis des fois, elle faisait des caresses autour du cou de sa p'tite . . . Ben taboire, la p'tite fille disait au monde que sa mère, sa mère à elle, sa seule et unique mère, elle disait qu'elle voulait la tuer! . . . On aura tout entendu! C'est épouvantable ce qu'ils feraients pas les enfants pour attirer l'attention!

O.K., O.K., men, des fois, il lui arraivait d'avoir des marques dans le cou, à la p'tite . . . Mais c'était des marques d'ongles, rien d'autes, t'sais veux dire . . . C'est pas de sa faute si la mère, elle avait les ongles trop longs.

Cette femme là, elle avait pas de mari, t'sais veux dire . . . J'ai pas besoin de te faire un dessin . . . Elle était une mère pas de mari . . . Non, non, pas une veuve là . . . Une mère pas de mari pantoute . . . Tu me diras pas que c'est pas courageux de sa part, toé . . . d'élever son enfant toute seule . . . Ben, r'gorde comme la p'tite, elle était ingrate . . . Une fois, sa mère, elle a déboulé l'escalier, en plein après-midi. La p'tite, elle l'a vue sa mère . . . t'sais veux dire, il faisait pas noir . . . Ben, la p'tite là, elle a regardé sa mère débouler l'escalier, pis elle l'a pas aidée. Elle a rien fait. Elle a laissé sa mère dormir comme ça, la tête en bas . . . pis les pieds dans les marches . . . C'est écoeurant ça! . . . Cette fois là, elle avait pris une bière . . . ben plus qu'une, mais quand même elle était chez elle! . . . Aie! c'est ben en quoi il fallait l'aider. Elle était pas capable de se réveiller . . . Une chance qu'elle s'était pas fait mal. Ben il paraît que le monde saoul, ils se font pas mal quand ils tombent . . . Aie! moé, j'ai déjà déboulé l'escalier, pis mon père, il m'a pas laissé en bas. Si c'avait été mon père qu'y avait déboulé l'escalier . . . j'l'aurais aidé.

La p'tite fille là, elle se plaignait que sa mère lui disait qu'elle était laide. Ben, c'est vrai ! Ben j'veux dire non, c'est pas vrai qu'elle était laide . . . mais c'est vrai qu'elle lui disait ça . . . Mais la p'tite, elle comprenait pas que c'était pour son bien ! T'sais veux dire . . . Parce que sa mère, elle voulait pas que sa p'tite devienne trop orgueilleuse !

Moé, mon père, il m'a toujours dit que même si j'étais laid, il me trouvait beau. Ben, ça m'a nui ça ! J'ai été orgueilleux un boute de temps, moé ! . . . Aie ! la p'tite fille là, elle disait à tout le monde que sa mère, elle amenait trop de monsieurs à la maison. Elle disait que c'était jamais le même ! . . . Mais la p'tite fille, elle comprenait pas que sa mère elle voulait lui trouver un bon père. Ben r'gorde comme elle l'aimait sa p'tite. Ben, les monsieurs là qu'elle invitait à la maison . . . y en avait qui battaient sa p'tite. Ben ceux-là, men, elle les ramenait pas souvent.

Aie ! y en a qui croyaient tellement la p'tite qui sont allés jusqu'à demander à la mère de la p'tite pourquoi elle la donnait pas. C'est écoeurant ça . . . dire des affaires de même . . . Demander à une mère parce qu'elle est une mère sans mari, pourquoi elle donne pas sa p'tite ! . . . Ben, elle les a placés. Pis ça pas été long. Elle leur a dit: Je la donne pas parce que moé, c'te p'tite là, elle a gâché ma vie . . . j'ai souffert à cause d'elle . . . C'est vrai ça !. C'est dur de mettre un enfant au monde. Je le sais, moé, mon père me l'a dit . . . Ça fait qu'elle a rajouté: Pis, elle va me payer ça !

Pis le monde ont dit qu'elle l'aimait pas. Quand elle a dit ça, elle avait pas pensé. Elle était tannée. Elle lui a jamais rien fait à p'tite, même si elle l'a dit. Tu vois ben qu'elle le pensait pas ! Jamais une cenne qu'a y a demandé ! . . . Pis de l'argent elle en avait pas tellement. C'était dur pour elle de garder cette enfant là. Elle était seule.

Aie ! cette femme là, elle prenait une dizaine de pilules par jour, pis autant de bières, pour réussir à se calmer, tellement elle trouvait sa responsabilité lourde . . .

42

Une fois, elle a pris la p'tite par les cheveux, pis là elle lui a cogné la tête sur le plancher . . . Bading . . . badang . . . pis envoye donc . . . Ben la p'tite, elle s'est encore plainte! Sa mère, elle avait fait ça pour son bien. Elle lui avait dit: T'as la tête trop enflée, toé. Tu vas désenfler . . . Ben, c'est vrai ça . . . Moé, mon père, il m'a sacré une claque une fois. T'sais veux dire, une maudite bonne derrière la tête là . . . Taboire, j'pense que j'avais fait la cuisine aller-retour juste sur la même claque! . . . Mon père, il a la main large comme une armoire. Mon père, il m'a dit quand j'ai été sur le retour de la claque: Oscar, ma grosse tête enflée! j'veux plus jamais que tu dises à ton papa de manger de la marde! Je vas te désenfler la tête! . . . Pif! paf! la tête m'a désenflé . . . Pis ça m'a fait du bien, ça . . . J'ai plus la tête enflée. Pis astheure, si je peux raisonner comme du monde, ben c'est grâce à ça. Pis je me suis tu plaint? No, sir! Ben juste pour quelques jours. Mais, ça a pas duré.

Ben, savez-vous ce qui est arrivé avec tout ce plaignage? . . . Ben, le monde là . . . ils ont réussi à faire enlever la p'tite à sa mè- re . . . Pourquoi? . . . Parce que c'te p'tite là, men . . . elle était in- grate pis elle se plaignait. Pis il l'on crue . . .

Moé, ça me fait réfléchir des affaires de même. T'sais veux dire. Des histoires de même là . . . c'est énervant. Ca t'enlève le goût d'être parent! . . . Moé, je me dis s'il fallait que je tombe sur un p'tit qui soit ingrat! . . . De qu'est-ce que j'aurais l'air? Tu as vu là . . . moé, j'voudrais pas être pogné avec un problème de mê- me.

Les parents, men, c'est comme les chômeurs . . . Faut que ça se tienne. C'est toute une organisation ça . . . être parent! . . Moé, j'voirais deux solutions . . . Ou ben ceux qui ont des enfants in- grats . . . qui se plaignent . . . ben ces parents là . . . s'arrangent pour que les autres parents soient de leur bord, pis qu'ils croient pas leurs enfants ingrats . . . Ou ben, ils s'arrangent pour avoir des p'tits qui s'plaignent pas . . . Mais, ça, men . . . t'sais veux dire . . . c'est toute une job! . . . avoir des enfants heureux . . . Moé, j'en connais pas gros qui sont capables de faire ça . . . Ça fait que . . . c'est un pensez-y bien!

Le vieux de la Casa (bis)

La p'tite nouvelle est entrée dans ma chambre sans frapper; c'est épouvantable ça! . . . Une vraie violation de domicile. On dirait qu'elle se rend pas compte de ce qu'elle fait. Pis là, elle me lance gentiment: Bonjour pépère! Qu'est-ce que vous faites de même? La fenêtre toute grande ouverte . . . Ça serait-y que vous avez des envies de suicide? . . . Vous avez juste à la dire . . . je peux vous pousser! . . . Moé, chu là pour ça!

Faut dire qu'elle est dans le serviable. Ca serait parent avec Olga que ça me surprendrait pas . . . Oh! non! . . . ma chère demoiselle, au risque de vous décevoir, j'e n'ai aucune envie suicidaire; mais si cela peut vous plaire, je vous permets d'utiliser votre suggestion, étant moi-même de nature très serviable . . . il me ferait plaisir de vous pousser par la fenêtre . . . le vide n'attend que vous ma chère!

Là-dessus, les yeux lui ont arrondi. Le plateau lui a échappé des mains . . . pis là, la chère enfant a voulu se sauver . . . Mais, dans son énervement . . . la pauvre a dû oublier que la porte . . . était fermée! . . . Elle s'est élancée . . . et la porte a reçu la nouvelle infirmière . . . Pis la fin de sa journée . . . il va sans dire . . . La pauvre était toute abîmée! . . . Quand je l'ai vue de même . . . étendue de tout son long, le nez en sang, l'oeil au beurre noir, j'ai sonné délicatement, et j'ai demandé qu'on vienne voir la pauvre accidentée. Je leur ai dit: Vite, il faut la ramasser; cela est difficile à supporter.

Faut dire que la vue du sang, ça m'a toujours bouleversé! Je suis de tempérament assez sensible. J'ai regardé dehors pour me calmer . . . Je trouvais qui faisait pas pire. Le ciel était bleu, l'air frisquet . . . C'est juste ce qu'il me fallait pour me décider à sortir. J'avais pas de tour à jouer à personne. Je me suis dit: Ça y est, je m'en vais au village voir le remue-ménage qui se passe sur la Main.

Mais, avec ma pension de détective, on va pas loin. On se rend au bout du couloir, pis on revient. Surtout que, dans mon temps, une pension . . . y en avait pas. Hi! hi! maudit que je me trouve drôle! Mais moé, je suis débrouillard. Je me suis dit: Système D. Ce système là, je l'ai tellement utilisé que s'il fallait qu'il soit usable, ben, je vous le dit, il en resterait plus. Ça fait que j'ai réglé mon problème! . . . Pas d'argent pour un taxi . . . On va faire du pouce!

J'ai enfilé mes Penmans . . . Maudit qu'on est ben là dedans. J'ai mis mon imperméable tout froissé. J'ai pogné mes deux cannes . . . pis là . . . je me suis installé. J'ai levé le pouce . . . ben, je veux dire, j'ai levé une canne! . . . C'est un détail, mais c'est important.

Y a une auto qui s'est arrêtée. J'vous dis que ça n'a pas pas été long. Un gars avec deux cannes . . . aie! Ça pogne toujours ca. C'était deux jeunes. Ils m'ont dit: Embarque pépère, on va t'amener. Où tu t'en vas endimanché de même? . . . On te laisse où . . . à la taverne? au centre culturel? au club de l'âge d'or? . . . Je leur ai dit: Voyons voir, jeunes hommes . . . Je crois que pépère va aller faire son tour sur la Maine! . . . Cela vous convient-il? . . . O.K., le père, si ça fait ton affaire, on va te laisser sur la Main . . .

J'aurais ben voulu continuer à jaser; mais là, celui qui avait les cheveux en brosse y a mis la radio au bout. Ça fait que c'était assez difficile de faire des politesses, hein! . . . Je me suis dit que c'était quand même triste que des garçons aussi jeunes soient si dur d'oreille! Pour mettre la musique au bout de même . . . il faut être dur d'oreille en maudit! . . . Moé, j'ai pas passé de remarque. Je trouvais qu'ils avaient bien assez de souffrir de leur infirmité.

Mais ce qui m'a frappé le plus . . . c'est de constater qu'ils pouvaient communiquer quand même entre eux! . . . Et ça . . . sans appareil auditif! C'est fantastique . . . incroyable! J'étais heureux d'être sorti . . . ne serait-ce que pour avoir vu ça! . . . La science avance à pas de géants de nos jours. Vraiment . . . j'en étais ébahi!

Pendant mon ébahissement . . . v'là-tu pas que le conducteur s'est mis à peser sur l'accélérateur. Puis, à ma grande stupeur, j'ai vu l'aiguille de compteur monter à une vitesse qui faisait peur. Je me suis dit: quelle chaleur! . . . Ça y est, je meurs! . . . C'est pour aujourd'hui, pis ça fait mal au coeur, surtout que je venais de voir mon docteur . . . pis qu'y m'avait dit que tout était bon . . . même le coeur! . . . Moi, mourir si jeune, dans la fleur de l'âge! . . . Il faut faire quelque chose. Allons, allons, du sang-froid! Réfléchissons . . . ces pauvres petits . . . n'entendent sûrement pas le bruit du moteur! C'est pas leur faute. Ils n'entendent pas tous les sons peut-être! Sinon, ils ralentiraient! . . . La science est avancée . . . Mais y faut pas trop lui en demander! Faut les suprendre. Vas-y, fais le mort! C'est un tric qui pogne.

Là, j'ai tourné la tête vers l'oreille du gars avec les cheveux en brosse . . . J'ai laissé échappé une espèce de râle . . . comme ça là . . . AHHHHHHHHHHHHHHAHHHHHHHH . . . Pis je me suis mis à fixer dans le vide! . . . Le gars aux cheveux en brosse a dit: Aie! Ralentis . . . le vieux, on dirait que le coeur y vient de lui péter . . . Tu es peut-être mieux d'enlever le pied d'sur le champignon . . . Pépère, t'en fais pas . . . de toute façon, on est rendu sur la Main! . . . Tu peux pas dire qu'on a traîné!

Ils ont arrêté l'auto. Mais la musique continuait. C'est pas possible . . . je pourrai jamais les remercier! Ils me comprendrontt pas! Ça fait que je leur ai crié: Merci les gars là . . . Voyons, pépère, crie pas si fort, on est pas sourd! . . . J'ai continué à crier quand même. Faut pas avoir honte de ça les gars! Je voulais pas vous insulter . . . Ils se sont regardés comme s'ils n'avaient rien compris. Je leur ai fait un signe de la main, puis je suis descendu! . . . C'est quand même triste . . . si jeune pour être sourd comme ça!

Je me suis mis à marcher. La rue était toute sur le long. Tant qu'à me promener en longueur, je devrais ben me rendre au bout. Pis au bout, ben, c'est chez Thompson! Ça fait que j'ai marché jusque chez Thompson. J'aime ça aller là. Rendu là, j'ai commandé un café. La serveuse me l'a sacré sur la table. Il était tout bouillant à part de ça. J'avais pas besoin d'y goûter pour le savoir . . . elle m'en a échappé la moitié sur la main. Elle m'a lancé un torchon: Faites attention, pépère, essuyez ça là . . . J'ai pas eu le temps de lui expliquer que c'était son empressement à me servir qui avait créé ce renversement désagréable du liquide, que déjà . . . elle se r'tournait de bord, pis elle criait au boss: Y a quelqu'un qui attend pour un billet; allez-y; moé, je n'ai pas le temps! . . . J'ai regardé le quelqu'un. Je me suis dit on ne sait jamais . . . Avec autant d'é-trangers dans la place, cela peut être dangereux.

C'est ici qu'arrivent les autobus. Pis . . . y monte ben du mon-de! . . . Pis y descend ben du monde! . . . Pis . . . ben du monde, ça fait ben du mystère, ben des dangers, ben des problèmes! J'ai fixé l'acheteur de billet . . . Pis j'ai remarqué . . . Y fait dire que le sens de l'observation, moi, je l'ai! . . . Je suis né détective . . . Pis je vais mourir détective! . . . Ce don là, ça vous colle à la peau . . . J'ai re-marqué que l'acheteur de billet . . . il mâchait de la gomme, il por-tait une tuque verte, un manteau vert . . . Le plus important . . . le comportement! . . . Pis laissez-moi vous dire que son comporte-ment était bizarre!

Il parlait! . . . Un peu trop, pis un peu trop fort. C'était peut-être pour cacher quelque chose ça! . . . Ben, le gars au billet, il par-lait trop. Pis ça, c'est pas normal. On appelle ça de la logomachie! C'est une maladie! Pis, les malades, ça peut faire des choses ben étranges! J'ai l'oeil, moi, pour les affaires louches. Les gens, des fois, ils prennent le temps de me remarquer! Pis, ils ont l'air à me trouver pas mal perdu. Aie! ils s'imaginent pas qu'un jour je pour-rais tomber sur l'affaire de ma carrière!

Quand c'est trop étrange ici . . . j'appelle la police! J'perds pas de temps. Je l'ai fait venir deux fois, la police! . . . Ben, je veux dire . . . je l'ai appelée deux fois! . . . La première fois, j'avais vu un gars, un étranger, il passait un paquet bien ficelé . . . trop bien ficelé! . . . Il passait ça à un autre, d'un air entendu . . . Je me suis dit: Ça y est, c'est de la drogue . . . J'appelle: Allo, police? . . . venez vite chez Thompson . . . je suis sûr qu'on est en train de passer de la drogue! . . . Ils sont venus. Ben c'était pas ça! . . . C'était un charismatique qui passait une bible à un chum. Ils ne l'ont pas arrêté. Pourtant . . . ils auraient dû . . . c'est pas mieux . . . Pis, la deuxième fois que je les ai appelés . . . ben . . . ils ont pas voulu venir.

Ici, ils m'appellent pépère-manie. Pis ils se trouvent drôles! Oh! mais ça va venir, je vais en avoir un . . . un de ces jours. Je vous le dis, j'ai l'air niaiseux, j'ai l'air de rien . . . Mais dans ma tête y a de la lumière. Je suis comme Colombo! A moins que je sois devenu comme Hercule Poirot . . . Je me trouve peut-être trop smatte, pis ça paraît!

Les gens pensent qu'y a juste à Montréal qui se passe des choses . . . Pourtant, ici, il en arrive des maudites. A Royal, à l'hôtel, y en arrive des capables. Y a même des batailles à coup de bouteilles! Y a un de mes chums qui a perdu connaissance . . . en voyant ça! . . . Au Century, ils traversent le pont, pis ils viennent tirer avec des fusils dans le village! Pis les vols, pis les viols, pis . . . Ah! ben vaut mieux pas tout dire . . . Ça pourrait vous faire peur! Les accidents là . . . c'est pas toujours des accidents. Hein!!!

Ouais . . . mais vaut mieux que je surveille mon logomachiste! Tiens, r'garde, il donne un papier au boss. Pis le boss lui donne de l'argent! . . . C'est peut-être des renseignements. Aie! y a ben des manufactures ici . . . Pis ça existe de l'espionnage industriel. C'est pas juste dans les films que ça se voit . . . J'fais mieux de l'avoir à l'oeil! . . . Ah! tiens . . . qu'est-ce que je disais. Heu . . . non, je disais rien. Non . . . je me suis trompé. Le boss vient de crier à la serveuse qui v'nait de s'acheter un biller pour la joute de hockey . . . Tu vois, par exemple, je finis toujours par tout savoir. Faut savoir ouvrir les oreilles.

C'est curieux . . . ici, les gens, les faits m'échappent . . . Je ne comprends pas ça . . . Pourtant, à la Casa, je suis ben bon. Mais, ici, c'est vraiment plus pareil. On dirait que le monde va trop vite. C'est décevant, ça, de se tromper aussi souvent ! . . . Si au moins on faisait un vol ! ! ! . . . Je ne sais pas, moi, quelque chose pour faire de l'action . . . Mais, de toute façon . . . même ici, je les fais marcher. Ils pensent que je cherche sérieusement une affaire ! . . . Mais non . . . c'est encore juste pour m'amuser . . . Hi ! hi ! ils me surveillent du coin de l'oeil comme si j'étais sénile ! . . . Moi, ça me fait bien rire . . . Encore là . . . méfiez-vous de ceux qui ont l'air de rien . . . C'est peut-être eux qui se moquent le plus de vous ! . . . Vous voyez . . . Hi ! hi ! je vous ai eus, vous autres aussi !

Florence Desmarteaux

J'étais en train de préparer mon café; j'avais sorti ma tasse, mon pot de café Top Valu, mon coffee mate . . . ben, j'aime mieux ça que le lait. J'avais pas sorti de sucre, parce que moi, j'aime pas le sucre! Pis, à part de ça, ça me coûte moins cher de même. Je me préparais à prendre ma première gorgée quand j'ai eu l'impression, ben pour dire vrai, c'était plus fort qu'une impression . . . c'était ce qu'on appelle . . . un pressentiment! . . . J'avais le pressentiment que quelque chose était pour m'arriver. Ça y est, Florence! C'est aujourd'hui que tu gagnes . . . un beau voyage en Floride . . . ou ben une dinde . . . ou ben au Wintario! . . . Pis là, d'instinct, j'ai regardé l'horloge. Mon Dieu qu'il est de bonne heure! Juste sept heures! . . . Pourvu qu'il m'arrive pas de malheur! Des pressentiments à cette heure là . . . c'est pas toujours bon . . . Ben, c'est ma mère qui me disait ça.

Florence . . . prends sur toé là . . . fais pas la folle! T'as un pressentiment à sept heures, c'est vrai, c'est de bonne heure . . . Mais c'était à toé de te lever plus tard! Pis comme ça tu l'aurais pas eu si de bonne heure!

Je me sentais moins nerveuse. J'en ai profité pour vider ma tasse de café, pis m'en faire une autre. Moé, j'aime ça le matin . . . ça me réveille pis ça m'occupe! . . . Ça faisait ben une demi-heure que je venais d'avoir mon pressentiment que la porte se met à cogner! Juste un p'tit coup . . . tout timide. J'étais contente. V'là de la visite . . . c'est plaisant. Ça commence ben une journée . . . Entrez, la porte est pas barrée! Entrez . . . venez prendre un café!

Je me suis pas gênée. C'est qu'il faut que je vous explique . . .
On se connaît tous ici. Moé, je reste dans un petit un et demi. Pis
mes voisins aussi. On est quatre sur l'étage. On se connaît ben. On
partage la salle de bain au bout du couloir. Ça nous arrive de nous
surprendre . . . en jaquette, en bigoudis, en robe de chambre . . .
ça fait que s'il fallait être gêné . . . ça serait plus vivable. Je peux
pas dire qu'on est pas discret par exemple! Faut faire la différence. La gêne, pis la discrétion, c'est pas pareil!

Entrez donc, venez prendre un café! . . . Qu'est-ce que vous
attendez . . . la porte est pas barrée! . . . Ben maudit, il y avait juste la poignée qui bougeait! . . . Poussez sur la porte! . . . Ben non,
rien . . . La poignée frémissait, pis c'était tout!

Là, j'ai eu peur! Ben oui . . . tout d'un coup comme ça, j'ai
eu peur. Je me suis dit: Ca serait tu mon pressentiment qui veut
entrer dans l'appartement? . . . Je me suis avancée discrètement
sur le bout de mes pantoufles en phentex . . . C'est fin ça des pantoufles en phentex . . . Ça mène pas de train, pis quand on les lave
ça déteint pas, ça r'foule pas, ça s'étire pas, ça va dans la sécheuse,
c'est pas usable, pis à part de ça . . . ils ont un beau choix de couleurs . . . moé, j'aime assez ça!

J'ai fini par me rendre à la porte . . . Ça m'a pris à peu près
quatre à cinq bout de pieds. Je me suis collée l'oreille sur la porte.
Florence, ma grand foi du bon Dieu, on respire de l'autre côté!
C'est certain . . . y a quelqu'un! C'est effrayant! . . . Qu'est-ce que
je fais? . . . Je regardais la poignée . . . Florence! Faut la barrer!
Ben là . . . j'ai failli mourir . . . Le quelqu'un de l'autre côté de la
porte, il s'est mis à cogner . . . tout doucement! . . . Je me suis
pitchée sur la poignée, pis j'ai ouvert la porte . . . Non . . . ça sert
à rien! Insistez pas . . . vous pourrez pas entrer, je viens de barrer
ma porte! Faut pas me déranger, je suis en train de boire mon café!

Ben moé là . . . je me suis dit: Ça y est . . . je suis folle! Je vois là devant moé, comme cloué sur le plancher, mon voisin d'à côté! . . . Je me suis pincée . . . Florence, serait-ce que tu as des visions? . . . ou ben des apparitions . . . ta porte est barrée, pis tu vois monsieur Gagné!

Mon doux que c'est fou quand on est nerveux! . . . Les nerfs, ça joue des tours! Ben oui . . . dans tout mon énervement, moé la folle, je pensais que j'avais barré ma porte . . . Ben non, je l'avais ouverte . . . faut tu être assez plate! . . . Ben j'aimais mieux ça, par exemple . . . Parce que moé là, je suis pas ben forte sur les apparitions! . . Ça m'énerve ça . . . Ben ça m'est jamais arrivé, mais il me semble . . . que ça m'énerverait!

Mon doux . . . que vous m'avez fait peur! . . . Excusez-moé, ça doit être la solitude qui fait faire ça! Ben entrez . . . restez pas là . . . venez prendre un café! . . . Votre femme dort, je suppose! Est-ce qu'elle va un peu mieux? . . . Il me répond comme ça juste d'un souffle: Je viens de tuer ma femme . . . Voulez-vous appeler la police pour moi? . . . Je suis restée là . . . la bouche grande ouverte. Lui qui parle jamais . . . Le v'là rendu qui veut faire le drôle!

Je me suis resaisie . . . Des fois que ça serait vrai! . . . Ben, cou' donc . . . j'ai pourtant pas entendu crier! . . . Je l'ai regardé, pis dans ma tête, je me suis dit: Un meurtrier . . . un vrai! . . . Aie! j'étais curieuse, moé, j'avais jamais vu ça! . . . Il faut que je le regarde comme il faut! . . . Il faut que je voie de quoi ça a l'air . . . Je l'ai examiné en brassant mon café! . . . Ben, j'étais déçue. Il avait l'air de tout le monde.

Il continuait à me dire ben doucement que c'était lui! . . . Vous voulez me faire peur? . . . Je l'sais ben que vous trouvez le temps long . . . mais quand même . . . y a d'autres façons de passer le temps! Oh! excusez-moé . . . c'est pas ce que je voulais dire! De toute façon . . . je vais aller voir.

Pis je suis allée voir.

Quand je suis sortie de mon petit un et demi pour me rendre dans son petit un et demi à lui . . . je me disais: S'il faut qu'elle dorme, la p'tite dame! . . . Elle va faire le saut de voir arriver une intruse de même . . . La porte était entr'ouverte. Je l'ai poussée doucement. J'ai retenu mon souffle. Je me suis étirée le cou. J'ai regardé . . . pis . . .

Après ça, je me suis réveillée . . coinçée, étalée . . . de tout mon long . . . la moitié du corps dans la chambre, pis l'autre moitié dans le couloir.

C'était ben vrai . . . pis c'était ben laid! . . . Il fallait que je revienne dans mon appartement! . . . J'avais peur moé là . . . En ayant eu peur, je me suis dit: Florence . . . du calme . . . Florence, vas-y, c'est rien . . . voyons . . . tu as l'habitude de rentrer dans ton appartement! . . . . Mais il semblait que là . . . c'était plus pareil!

Je me suis décidée. Je suis entrée. J'avais froid! . . . Mais je voulais pas le laisser voir. Là . . . j'ai surpris monsieur Gagné en train de boire mon café! . . . Pis quelqu'un qui boit dans ma tasse de café, moé, j'aime pas ça! . . . Pis après tout . . . il est peut-être énervé! . . . Ça fait que je me suis contrôlée. Mais c'était dur! Une chance qu'il boit son café sans sucre lui aussi! J'aurais pas voulu le vexer.

— Monsieur Gagné, je suis allée voir. J'ai vu. Voulez-vous que j'appelle la police?

— Ben . . . si c'est pas trop vous demander, j'aimerais attendre un peu.

— Comme vous voudrez! Voulez-vous un autre café? Parce que celui que vous venez de boire . . . c'était à moé!

— Oh! excusez-moi!

— Je vous en prie. Je comprends. Pis voulez-vous un autre café?

— Non. Assoyez-vous!

— C'est sûr là . . . vous voulez pas un autre café?

— Assoyez-vous.

— Bon, je m'asseois.

— Ça faisait quinze ans, madame, quinze ans qu'elle était malade. Malade au lit. Quinze ans qu'elle mourait.

— Oui . . . quinze ans. Vous êtes sûr que vous voulez pas un autre café?

— Non. Appelez la police. Vous le savez, madame, comme je l'aimais . . . mon dieu que je l'aimais . . . quinze ans à souffrir . . . quinze ans . . . mais là elle est bien. Appelez la police.

Là les nerfs m'ont pognée. Je pouvais plus signaler. Aie! je m'étais retenue tout ce temps là moé! . . . Je suis tannée, moé là, que j'ai crié, si je trouve pas le numéro, je vais faire un meurtre. Monsieur Gagné, il a pas bougé. Il m'a dit: C'est pas nécessaire . . . c'est déjà fait. Signalez zéro . . . Ben c'est vrai! Vous manquez pas de sang-froid, vous là!

J'ai appelé. Là, j'étais toujours pognée avec lui. Florence, ma vieille, il faut l'occuper. Je lui ait dit gentiment: Monsieur Gagné, voulez-vous un p'tit r'montant? Je vais vous faire un café avec du gin. Ben j'ai du cognac . . . on prend ce qu'on a hein! . . . Il m'a pas répondu . . . Il va faire beau aujourd'hui. Vos chums vont ben aller au parc. Ouais . . . je pense que votre femme aurait aimé la nouvelle phentex que je me suis achetée . . . Là . . . on a plus parlé. Ben . . . j'ai plus parlé. Je pense qu'il était ben dans son silence. Pis moé, j'ai pas voulu le déranger. Il me restait plus rien qu'à partager son silence!

Pas ben longtemps après le silence, les policiers sont arrivés.

— Il y a eu un meurtre? Où est la victime?

— Ici.

— Pourtant, madame, vous m'avez l'air bien en vie.

— Oui . . . he . . ben de qui vous voulez parler par victime?

— De la personne qui est morte.

— Ah! ben . . . je suis morte de peur . . . mais la vraie, elle est dans l'appartement trois.

— Le meurtrier . . . c'est monsieur?

— Ben voyons vous là . . . monsieur Gagné, dites-leur! Chu pas pour le faire à votre place. Je veux pas passer pour une stoole!

Il leur a dit. Ils ont laissé un policier avec nous, pis les deux autres sont allés voir. Ils sont revenus. Ils étaient blêmes. Ils ont regardé monsieur Gagné.

— L'arme du crime . . . c'est quoi?

Là . . . monsieur Gagné a chuchoté . . . Ben, il devait être gê-né . . . Il les connaissait pas ces gens là, lui . . . Ça fait qu'il a chuchoté: Un marteau . . . Moé là, j'ai crié: Ben, je vais vous en faire vous là . . . je vous demande ben perdon! On a beau être des amis, mais là y a des limites. Je vous demande de vous excuser! . . . Les policiers m'ont regardée.

— Que voulez-vous dire, madme?

— Ben maudit . . . on dirait que vous êtes sourds. Il vient de dire que c'est moi l'arme du crime!

— Ah! vraiment.

— Ah! vraiment . . . il est bon, lui. Ben sûr qu'il a dit ça. Il a dit que c'était la Desmarteaux. Pis si vous le savez pas, ben la Desmarteaux, c'est moé!

— Il n'a pas dit que c'était la Desmarteaux, madame; il a dit que c'était avec un marteau.

Ben là, j'en revenais pas. C'est quand même un bon gars, ce monsieur Gagné! Je pensais qu'il m'avait accusée . . . c'était pas ça, pantoute! Y a pas à dire, il est honnête! J'étais soulagée!

— Ben j'aime mieux ça! Ben, j'aime pas mieux ça qu'il ait tué sa femme à coups de marteau . . . mais j'aime mieux ça qui m'accuse pas!

Ils l'ont emmené. Il faisait pitié. Il m'a fait un petit signe, il m'a dit un petit mot . . . Pis, il a plus parlé. Il s'est laissé faire. Il avait la face comme quelqu'un qui vien de signer son arrêt de mort. J'ai ben failli lui demander s'il n'avait pas un dernier désir . . . j'sais pas moé . . . comme faire ses adieux à sa femme . . . Mais j'ai pas osé. C'était peut-être pas le temps. Là y a un policier qui m'a dit: Madame, si vous voulez nous suivre, c'est pour remplir certaines formalités, ça ne sera pas long.

Pauvre monsieur Gagné . . . Il filait pas. Ça tournait pas rond. Il y a deux jours quand je lui ai dit que les toilettes étaient bouchées, il m'a dit: Qu'est-ce qu'on va faire? . . . Pis il s'est mis à brailler . . . Vous me direz pas que c'est normal, ça? . . . Il devait déjà en avoir trop! . . . Il me semble qu'on braille pas pour des toilettes bouchées!

Mais c'est effrayant . . . la tuer à coups de marteau . . . On peut dire qu'il l'a clouée sur son lit de mort! . . . Mais on a rien entendu . . . Il a dû faire ça pendant son sommeil . . . C'est quand même une attention. C'est signe qu'il l'aimait.

Ils vont le juger, puis il vont sûrement lui faire subir des examens psychiatriques. Ils vont l'hospitaliser . . . C'est le policier qui m'a dit ça. J'ai trouvé ça épouvantable! . . . Des examens . . . ils vont le soigner . . . c'est avant qu'il avait besoin d'aide! Là . . . ils vont lui faire mal, c'est tout! . . . Ils vont lui dire: Monsieur Gagné, savez-vous ce que vous avez fait? Pourquoi l'avez-vous fait? Peut-être pensiez-vous à votre mère? Vous n'aimiez pas votre mère? . . . Ben non . . . il le sait ce qu'il a fait, pis pourquoi il l'a fait. Mais s'il veutpas le dire, il le dira pas. Pis, pendant le procès, ils vont lui faire peur! Ils vont lui sacrer le marteau dans la face, pis il vont lui dire: C'est avec ça que vous l'avez tuée . . . Répondez . . . Moé, j'trouve qu'ils pourraient le laisser tranquille.

Il lui en reste pas long à vivre. Il est malade, lui aussi. Il devait se sentir seul! Il aurait dû s'occuper aussi. J'sais pas moé . . . bricoler, tricoter, broder, coudre . . . C'était un bon couple, ça. Jamais un mot plus haut que l'autre. Je dirais même que, depuis quelques années . . . ils avaient plus de mot pantoute. Ils se parlaient plus. Elle était trop fatiguée. C'est peut-être ça qui lui a manqué!

Pis là encore . . . pauvre monsieur Gagné . . . il pourra pas parler. C'est pas dans un hôpital avec des gens qu'il connaît pas qu'il va commencer à parler . . . Pis à part de ça . . . les médecins, ils vont lui parler dans des mots qu'il connaît pas . . . Comment voulez-vous qu'il leur réponde?

J'aurais reçu un coup de marteau sur la tête . . . que ça m'aurait pas plus assommée, moé, cette histoire là . . . Ouais . . . la solitude! . . . Quand ça vous r'vole dans face, ça fait peur . . . Pis il a eu peur, monsieur Gagné! . . . Je vais m'ennuyer, moé, à présent. Il va me rester à aller voir monsieur Gagné, pis sa solitude . . . Là dessus . . . y a pas de problème, nous autres, on va se comprendre! Je suis sûre que mon voisin y va continuer à se taire . . . rien qu'à se taire!

Le dernier mot qu'y ma dit en partant, ça été: Merci!

TABLE DES MATIÈRES

POÉSIE

Stéphane-Albert Boulais, *Lettres qui n'en sont pas* (5,00$)

Serge Dion, *Mon pays a la chaleur et l'hiver faciles* (3,95$); *Décors d'amour* précédé de *Aubes mortes* (6,50$); *Océane, ou les asperges du matin* (5,00$)

André Duhaime, *Peau de fleur* (5,00$); *Haïkus d'ici* (6,95$)

Aline Giroux, *Laconies* (5,00$)

Raymond Godard, *Retour de l'éloignement* (5,00$)

Madeleine Leblanc, *J'habite une planète* (3,00$)

Micheline La France, *Le soleil des hommes* (5,00$)

Jacques Michaud, *Vingt fois cinq* (5,00$); *La Terre qui ne commence pas* (6,95$)

Paul Savoie, *La maison sans murs* (5,00$)

Jean-François Somcynsky, *Trois voyages* (6,95$)

Mireille Vallée, *Le trille rouge* (5,00$)

ÉTUDES

Suzanne Lafrenière, *Henry Desjardins, l'homme et l'oeuvre* (5,00$); *Moïsette Olier, femme de lettres de la Mauricie* (12,00$)

Cosette Marcoux-Boivin, *Chartrand des Ecorres* (12,00$)

THÉÂTRE

Gaby Déziel-Hupé, *Les outardes* (2,50$); *Délivrez-nous du mâle . . amen!* (4,50$)

CONTES, NOUVELLES, RÉCITS

Claude Boisvert, *Parendoxe* (3,50$)

Laurette Bouchard, *Courtepointe d'une grand-mère* (5,95$)

André Couture, *L'enfer et l'endroit* (6,95$)

Gilles Pellerin, *Les sporadiques aventures de Guillaume Untel* (8,95$)

COLLECTION UNIVERSITÉ DU QUÉBEC À HULL

En collaboration, *L'enfant, le comprendre pour l'aider* (6,00$)
René Juéry, *Initiation à l'analyse textuelle* (12,95$)
Serge-A. Thériault/René Juéry, *Approches structurales des textes* (14,00$)
Serge-A. Thériault, *La quête d'équilibre dans l'oeuvre romanesque d'Anne Hébert* (12,00$); *Pour que son Règne vienne* (6,95$)

COLLECTION ÉDUCATION AUX ADULTES/CEGEP DE L'OUTAOUAIS

En collaboration, *Du premier hôtel de ville à la Maison du citoyen* (7,95$)

COLLECTION PIROUETTE (LITTÉRATURE JEUNESSE)

Pierrette de Bie, *Une triste visite chez l'oncle Pistache* (3,95$)
Suzie Louis-Seize, *Au pays des cubes-à-pattes* (3,95$)
Christine Simard, *La journée d'une chenille* (3,95$)

DIVERS

Pierre G. Bergeron, *Planification, budgétisation et gestion par objectifs* (16,95$)
Daniel Bronsard, *Les marionnettes des diètes* (7,95$)
Maurice Cellard, *Mon violon* (11,95$)
Jean-Pierre Saint-Amour, *La villégiature au Québec, problématique de l'aménagement du territoire* (15,00$)

*Achevé d'imprimer
sur les presses de l'Imprimerie Gagné
à Louiseville (Québec)
pour le compte des éditions Asticou
au mois de mars 1982*